后浪

# 跟着考霸记笔记

［日］确井孝介 著

王星星 译

教你在考试中通关的笔记学习法

頭のいい人は暗記ノートで覚える

天津出版传媒集团

天津人民出版社

改写笔记,人生将迎来更大可能性!

读过的书时间一长就忘，

专业知识再怎么学也掌握不了……

假如你有这样的烦恼，无须悲观。

这绝不是"才能""能力"方面的问题。

重要的是，你是否了解**"聪明的记忆法"**

——仅此而已。

一切其实很简单，只要你擅长记忆，就必定能在人生中得到收获。

学习自此变得有趣，新的知识也能全盘吸收。

你会在自己的目标领域内跻身一流。

你的工作效率将会提升，取得显著的成绩。

当然，高考、公务员考试，甚至是困难的资格证考试，也全都不在话下。

那么什么是"聪明的记忆法"？

那就是——

1. **"聚焦"**要点。
2. **"整合"**相关信息。
3. 信息可视化，**"利用图像记忆"**。

遵循这三个步骤，不擅长学习的人，记忆能力不强的人，**都能快速记下实用的知识！**

本书将以简明易懂的语言为大家介绍"记忆笔记"。

你无须担心现状。

我也曾为学习苦恼。

我整理出记忆法，从一无所知的阶段开始学习，不仅通过了大学考试，还成功通过了司法考试、注册会计师考试。

我把自己都能做到的诀窍，**诚心实意地传授给你。**

我向你保证：**有了"记忆笔记"，你也一定能达成自己的目标！**

# 巧用"记忆笔记"

**『聚焦』要点**
聚焦真正重要的信息,高效精炼!

## 聪明人的"记忆笔记"

〖世界史篇〗

### 聚焦

马丁·路德提出的是九十五条论纲

### 整合

- 路德提出的是**九十五条论纲**
- 莱昂纳多·达·芬奇 米开朗琪罗 拉斐尔
- （1）为什么？ 九十五条论纲批判的是**赎罪券**
- 文艺复兴的基础是人文主义
- 比如？
- 谁？ 售卖赎罪券的是**利奥十世**
- 基础是？
- 圣彼得大教堂建于**文艺复兴时期**
- 做了什么？ 兴建圣彼得大教堂
- 哪个时期？

**『整合』相关信息**
把想记住的信息整合起来,记忆就会变得十分简单!

## 这则笔记将唤出你的能力！

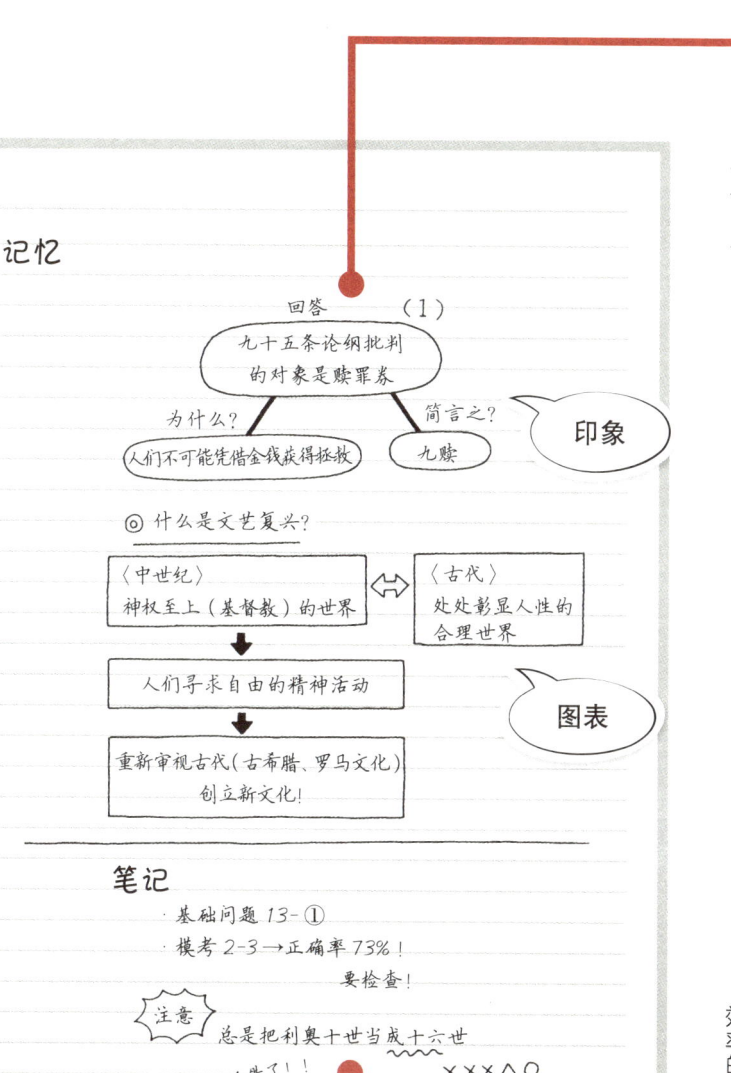

信息可视化，「利用图像记忆」。利用直观的图像进行记忆，就能牢牢记住内容！

笔记提升学习效率！掌握大大提升学习效率的笔记方法！

# 聪明人的"记忆笔记"

世界史篇

## 聚焦

马丁·路德提出的是九十五条论纲

## 整合

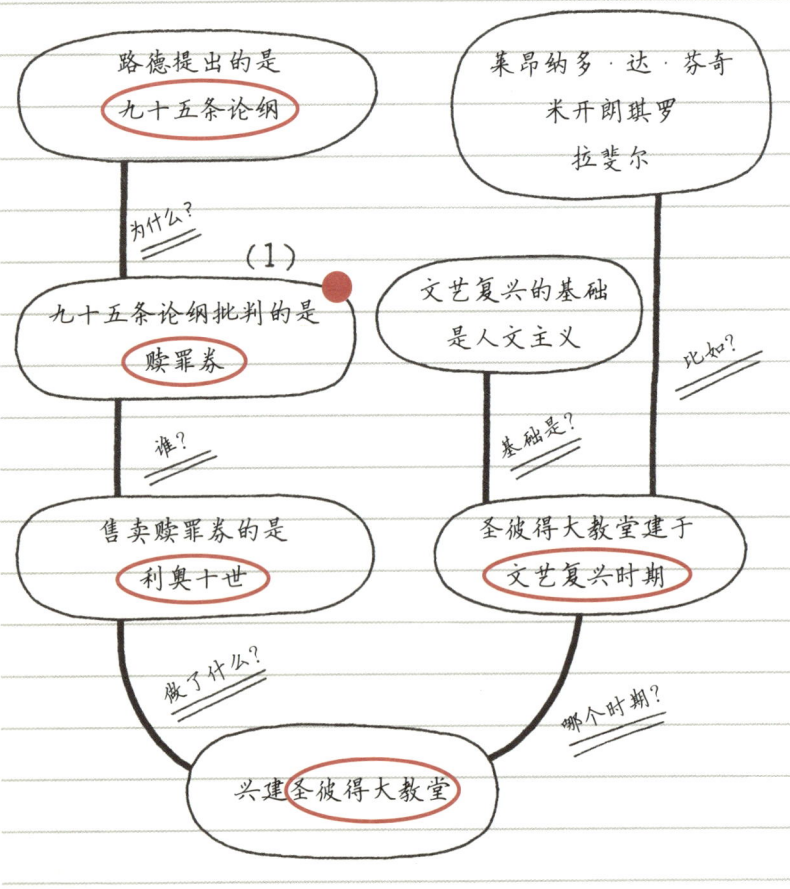

# 记忆

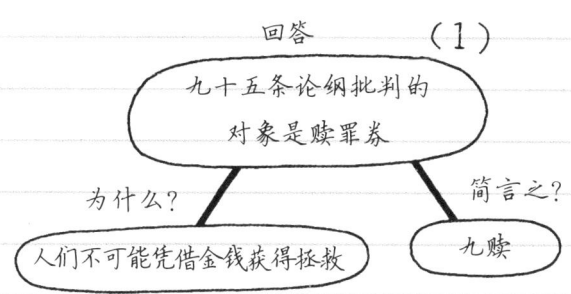

◎ 什么是文艺复兴？

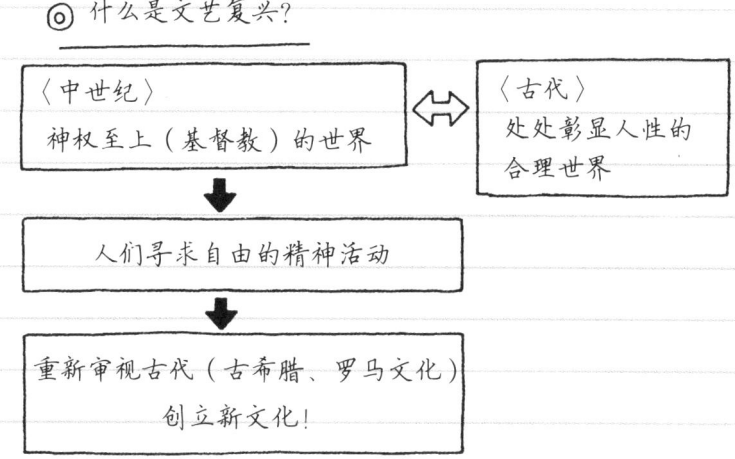

---

# 笔记

· 基础问题 13-①

· 模考 2-3 → 正确率 73%！

要检查！

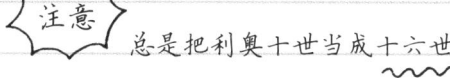

注意　总是把利奥十世当成十六世

又错了！！！　　　×××△○

# 聪明人的"记忆笔记"

法律篇

## 聚焦

在设有监事岗位的公司，董事和监事共同出席董事会

## 整合

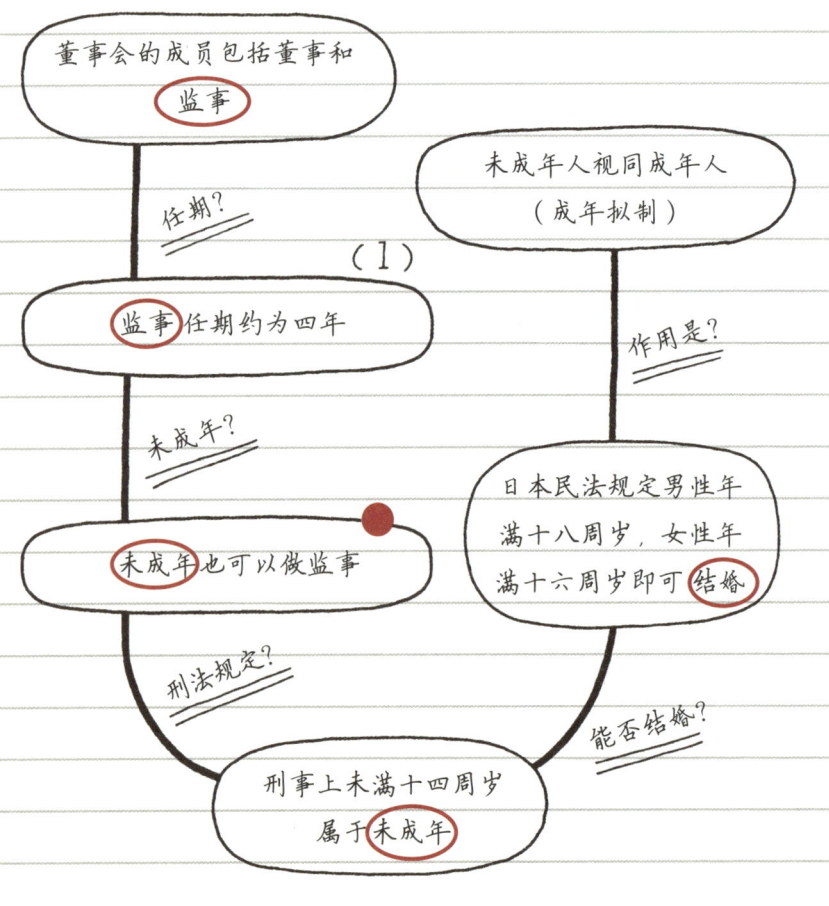

# 记忆

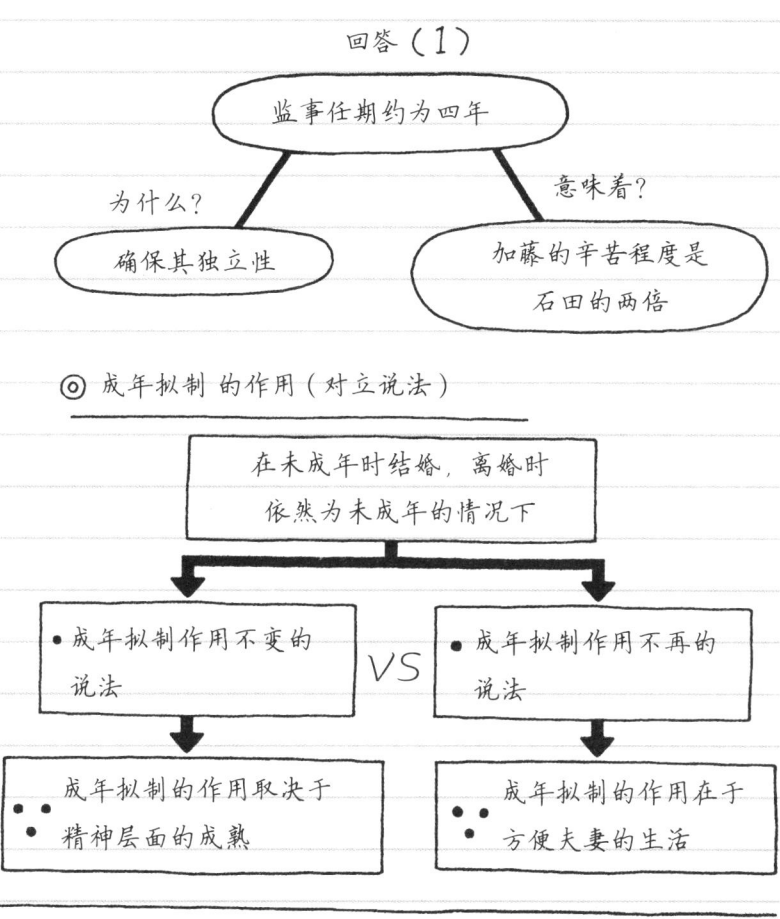

回答（1）

监事任期约为四年

为什么？ → 确保其独立性

意味着？ → 加藤的辛苦程度是石田的两倍

◎ 成年拟制 的作用（对立说法）

在未成年时结婚，离婚时依然为未成年的情况下

- 成年拟制作用不变的说法 VS 成年拟制作用不再的说法
- 成年拟制的作用取决于精神层面的成熟
- 成年拟制的作用在于方便夫妻的生活

# 笔记

高水平模考 1-1-3 → 正确率 51%

合格的分界线！

基础 1000 问 2-3-3

✗ △ ✗ △ △ ○

# 目　录

**前言　"记忆笔记"为人生带来巨变　1**

　　越学习越受益的时代　1

　　与其"理解"，不如"记忆"——聪明人的学习方法　2

　　备考学习中潜藏着"一切学习形式的奥秘"　5

　　"聚焦、整合、利用图像记忆"，三个步骤助你轻松得胜　7

　　一年零四个月即通过注册会计师考试——记忆学习法的效果　11

　　"记忆笔记"唤出你的能力　14

　　"模式记忆"，恒久不忘　15

　　"A4笔记"是最强大的记忆工具　16

## 第1章　聪明人不做学习的"无用功"　19

### 1.1　果断丢弃"无须记忆的内容"　21

　　聪明人的"记忆方法"稍有不同　21

　　越"好记"就越能牢记　24

### 1.2　聪明人懂得"聚焦目标"　27

　　分辨"无须记忆的知识"的诀窍　27

　　"三本书中两本都有的知识"一定要记　29

### 1.3　高效找出"要点"，学习要点　32

正确的学习顺序是"做习题集→看书" 32

"正确率不满30%的问题"可以忽略 33

## 1.4 工作与学习都能在"过去的事例"里找到启发 35

了解过去就能预知未来——真题的意义 35

答案围绕着"过去的事例"? 36

## 1.5 从今天开始"简化"记忆 38

"简化"后能记住九成内容 38

长句以"主语+谓语"结构概括后会变简单 39

用"也就是说"做整合,简单程度更进一步 40

# 第2章 信息"整合"后易于记忆 43

## 2.1 串联知识,打造"记忆链" 45

"难忘的记忆"都有一个共同点 45

## 2.2 接龙式联想法——"整合"技术 47

想到什么就是什么,自由联想法 47

## 2.3 为什么"开阔视野"会让头脑变聪明 51

以思考"同一时代的其他地方发生了什么"为例 51

视野越开阔,学习和记忆能力就越强 52

## 2.4 必见成效的"记忆战略" 54

工作与学习中都存在"押题法" 54

借"真题"串起关联信息 55

## 2.5 利用图表的"高效记忆法" 58

图表里集成了联想关键词 58

"有共通点"就能轻易联想 59

2.6 "一份付出两份收获"的学习法　63

　　统一记忆"关键词"与"说明文"　63

　　找到"出题模式"，学习效率也会提升　66

2.7 世界史、英语、法律，"整合"后就很好记　68

　　熟能生巧！增加"记忆链"　68

# 第3章 "图像化记忆"绝对经久不忘　75

3.1 "利用图像记忆"记得更牢　77

　　"图像+图表"，记忆效果显著　77

3.2 "回答、为什么、也就是说"——三点记忆法　80

　　先让"三角形"印在脑海里　80

　　连同"记忆线索"一起记忆　81

3.3 "可回溯"是记忆的恒定规则　84

　　"预见输出的输入"十分重要　84

　　"自己给自己解说"的大脑整理法　87

3.4 "编成故事"记得牢　88

　　"希望、光、回声"，了解名字由来后产生的效果　88

　　"为什么？"——思考原因就不会忘记？　89

　　会学的人，知道该在哪些地方偷懒　90

3.5 "具体到极限"后再记忆　91

　　记忆力强的人也很难记住"抽象的信息"　91

　　把"文艺复兴时期"与"达·芬奇"联系起来　92

3.6 "分毫不差"的记忆法　95

　　记内容前先记"量"　95

3.7 词汇"记得越短越好" 98

　　缩略后记忆，节省时间与精力 98

　　"JT"——提取首字母即可 99

# 第4章　转换成"图表"后，文章也能快速记住　103

4.1 如何制造"易记住的难忘记忆" 105

　　"图解"的记忆效果远超"文章" 105

4.2 有了"图表"，"演示内容"也更加直观 109

　　首先抓住"故事梗概" 109

　　利用图表记忆，"写作能力"也会跨越式提升 110

4.3 巧用标记"∵""∴""⇕" 113

　　用"·"标示并列信息 113

　　使用标记，"原因""结论""转折"关系一目了然 114

4.4 变"错误"为体验记忆 118

　　利用"亲身经历永不会忘"进行记忆 118

4.5 按照"整体→局部"的顺序记忆、回想 121

　　"论文测试"更要使用图表 121

　　记忆"图表的外形"是意想不到的诀窍 122

# 第5章　使用"笔记"，记忆效果更进一步　125

5.1 "记忆笔记"用得越多，头脑就越聪明 127

　　"笔记术"提升记忆力 127

5.2 如何全面活用"自己的知识" 129

　　把"记忆笔记"和"记忆工具"结合起来 129

　　　　记录"问题来自哪本习题集"的好处　130

5.3　横跨式学习——变"记住的知识"为"可用的知识"　133

　　　　"记忆笔记⇔习题集",强化实战能力　133

　　　　"开阔视野"学习法的小窍门　134

5.4　聪明人不会"眉毛胡子一把抓"　137

　　　　高效浓缩"复习量"的窍门　137

　　　　记忆牢固后,删除题号　138

5.5　提高学习效率的"激发动力"法　139

　　　　"学习量可视化"效果超群　139

　　　　"○、△、×",利用标记实现高效复习　141

# 第6章　更聪明的"记忆笔记"十倍活用术　143

6.1　利用"整合栏"活动大脑　145

　　　　模拟"智力问答",在愉悦中锻炼记忆　145

　　　　记忆游戏——关键词可发散出多少项?　147

6.2　利用"记忆栏"进行瞬间记忆　148

　　　　用"L型"移动视线,提升记忆力　148

6.3　调动大脑活力的"预想学习"法　151

　　　　大脑越用越聪明　151

　　　　"为什么?""也就是说?"——预想下一步　152

　　　　按照图表的"形状→关键词"的顺序进行预想　153

6.4　设定"一周一次"的记忆检查日　155

　　　　通览"记忆笔记的全部内容"的日子　155

　　　　少看熟悉的页面,多看不熟的页面　156

6.5 多使用"记忆笔记",大脑就会更加聪明 158

  背英语也可利用"记忆笔记" 158

# 后记 用"记忆笔记"实现人生目标吧! 161

# 前言 "记忆笔记"为人生带来巨变

## 越学习越受益的时代

我想重申这件重要的事情:

**掌握了记忆技能,人生的可能性将大大拓宽!**

众所周知,我们正处于一个不学习就难以生存的时代。

唯有那些热衷学习、不断打磨自身能力的人,才能在这个时代大放异彩。

这里说的学习,**不限于以通过"考试"为目的的学习**。学校考试、升学考试、资格证考试、升职考试……学习绝非仅此而已。

以职场人为例,为深入了解一个新领域而读书,为加强专业技能去参加学习会,为圆满完成方案展示去学习资料的制作方法……凡此种种,都是人生中非常重要的学习经历。

**所谓学习,就是"用以达成工作与人生目标,即产出成果的手段"**。

所学必有所用,它将为你带来巨大收益。学习可以打造你的未来,是一项**绝对有效的自我投资**。

那么我们究竟该怎么学习？这其中大有学问。

扪心自问，你真的了解正确的学习方法吗？

因为不懂如何学习，你是否总是一味读书，不间断地关注网络报道和名人的社交网站，以期对信息更加敏感，甚至参加一些除了带来自我满足感再无其他的高价研讨会？

不必担心，被学习折腾得焦头烂额的人不止是你，大家都面临着同样的困境。

## 与其"理解"，不如"记忆"——聪明人的学习方法

本书将学有所得的人定义为"聪明人"。

越聪明的人，越懂得如何学习，并且每天都在践行自己的学习方法。

核心的"学习方法"其实非常简单。

**获取知识，运用知识——仅此而已。**

很多人面对"学习"之所以感到困难，是因为没有意识到学习是产出成果的手段。

重申一次，学习是产出成果的手段。

你是否略过"手段"，直接跳到"目标"了？

总想达到精英上司的能力等级，想赚很多钱。只怀着这样笼统的想法，**就无法了解应该做什么，又该如何做。**

恕我直言，现在的你可能就处于这个状态……

我们先来熟悉一下理当如此的事实。

聪明人为什么有收获？**那是因为他们有基础知识，并且能够熟练地运用知识。**

是的，**丰富的知识储备是大前提**。没有知识储备，就没有思考能力，至于令人满意的方案展示、出色的报告、伟大的发明创造，就更与你无缘了。

学习的难点在于，仅仅获取知识是没用的，必须让知识为自己所用。

聪明人在获取知识的同时，就意识到要运用知识。也就是说，**他们为了活用知识而进行记忆。**

比如浓缩信息，结合某个联想点记忆，把信息串联起来进行记忆……

以上所述只是示例，核心在于高效获取知识，也就是进行"记忆"。我们需要迅速有效地记忆。

高效的记忆，就是不迷失于信息洪流，能够从中提取精髓，**实现自我输出。**

而"记忆笔记"，就是达成这一目标的利器。

在有些人看来，"记忆"应该是个贬义词吧。

从小学到高中，再到大学，直至进入社会，不断有人告诉我们"学习的重点在于理解"，所以有人对"记忆"持否定态度也不足为奇。

实际上，我曾经也是这么认为的。理解为佳，强记为劣，这早已成为一种社会常识……

但是希望大家能够留意两点。

第一，**学习始于记忆**。

你为什么而学习？是为了"产出成果"，对吧？

如此看来，学习应该是有形的、可表达的事物。学习不是上九天揽月，**只有在需要的时候将具体化的知识储备输出到外界，学习的成果才能够展现**。

本书所讲的，是一切以成果为重的学习，不同于以培养兴趣或素养为出发点的学习。

第二，**先记忆再理解，比先理解再记忆更加符合自然规律，也更加有效**。如果能在理解前先记下内容，获取的知识就会推动你去理解，难懂的内容也更容易被大脑接受。工作上的问题自不必说，即便面对难懂的法律问题，甚至大学考试、资格证考试，这条规律依然适用。

仔细想想，在人类的成长过程中，记忆也是先于理解的。婴幼儿时期，我们还没理解单词的意思，就先记下了单词。不知不觉中，我们开始理解对方说的话，再就此展开对话。没有单词储备，对话就无法实现。

归根结底，这所有的一切都始于记忆。

## 备考学习中潜藏着"一切学习形式的奥秘"

在此,我想穿插讲一下记忆与我的"备考学习"之间的关系。

依靠记忆,零基础的我顺利通过了各种考试。我通过的这些考试,在领域、难易度、出题方向上全然不同。

先简单介绍一下我的成长经历。我出生于北海道,在当地的公立学校一直读到高中。高一的时候,我参加全国模考,**偏差值**[①]**只有 35 分**,这个分数只能去那些只要考卷上写了名字就能被录取的 F 级大学(零门槛大学),形势非常糟糕。

看不到一丝希望的高中时代,促使我开始探究"记忆窍门"。

刚开始备战高考的时候,我怎么都搞不懂学习内容,完全理解不了它们的意思。

这也不足为奇,毕竟我还没掌握任何基础知识……

无奈之下,我调整了学习方向,决定**"无论能否理解,先记下来再说"**。

一开始,无论英语还是世界史,我都试着一个个全背下来。然而,即便备考时间充裕,这么做的效率也太低了。

于是,我做了许多尝试,想要找出更有效的记忆方法。

---

① 偏差值:综合所有人的考试成绩后换算得出的相对分数,分数越高排名越靠前。——译者注

"探求记忆法→实践→打磨"——我不断地重复这个过程，终于发现了一个原则：

1. **"聚焦"**要点。

2. **"整合"**相关信息。

3. 信息可视化，**"利用图像记忆"**。

这就是有效记忆的"三大步骤"。

我为什么要在这里谈论备考学习的事情？

这是因为，**备考学习是"所有学习形式中的极端案例"**。获取知识，运用知识，放到备考上来说就是"记下来，拿到分"。这是所有考生为之废寝忘食的原因。

在你迄今为止的人生历程中，备考阶段应该也是你面对知识最虔诚的时候。即便在其他时间会认真学习，也难以和备考时的那股认真劲儿相提并论。

所以本书将以考试为对象，为大家介绍学习方法及"高效记忆的窍门"。考试你肯定经历过，所以本书的内容应该很好理解。不仅如此，**掌握了面向考试的学习方法，就能玩转所有场合**。

举个例子，我有个做网络分销的朋友，他原本是注册会计师，曾经担任某大型企业的监察法人，后来离职，如今在电子商务领域小有成就。当然，他现在已经不做会计师了。目前他似乎对电子商务更感兴趣，收入好像也比从前多出不少。

电子商务领域竞争激烈，不落后就已经很难了，更别提还要学习专业知识。

我曾经问那位朋友是如何学习的,他的回答给我留下了深刻印象。

"就像考注册会计师时那样,疯狂念书……"

重申一次,**考试是"学习的极端示例"**。基于此,本书将以考试为主题向大家传授记忆窍门。

## "聚焦、整合、利用图像记忆",三个步骤助你轻松得胜

简单介绍下有效记忆的"三个步骤"。

首先,**"聚焦"**要点。

无论即将面临何种挑战,总归要记住数量庞大的信息。但在思考"怎么记"之前,很多人甚至都不知道"该记什么"。

找不到学习门路的人都有这个烦恼。

记住,**只把目标"聚焦"在不得不记的重要信息上**,这是重中之重。

社会上充斥着种种记忆技巧,它教导我们如何记忆,却没有告诉我们"该记什么"——这个遗漏实在致命。

我将在第 1 章详细讲解信息的提取方法。

接下来是**"整合"**相关信息。

很多人的挫败感都源于费尽心思记住的东西很快又忘了,

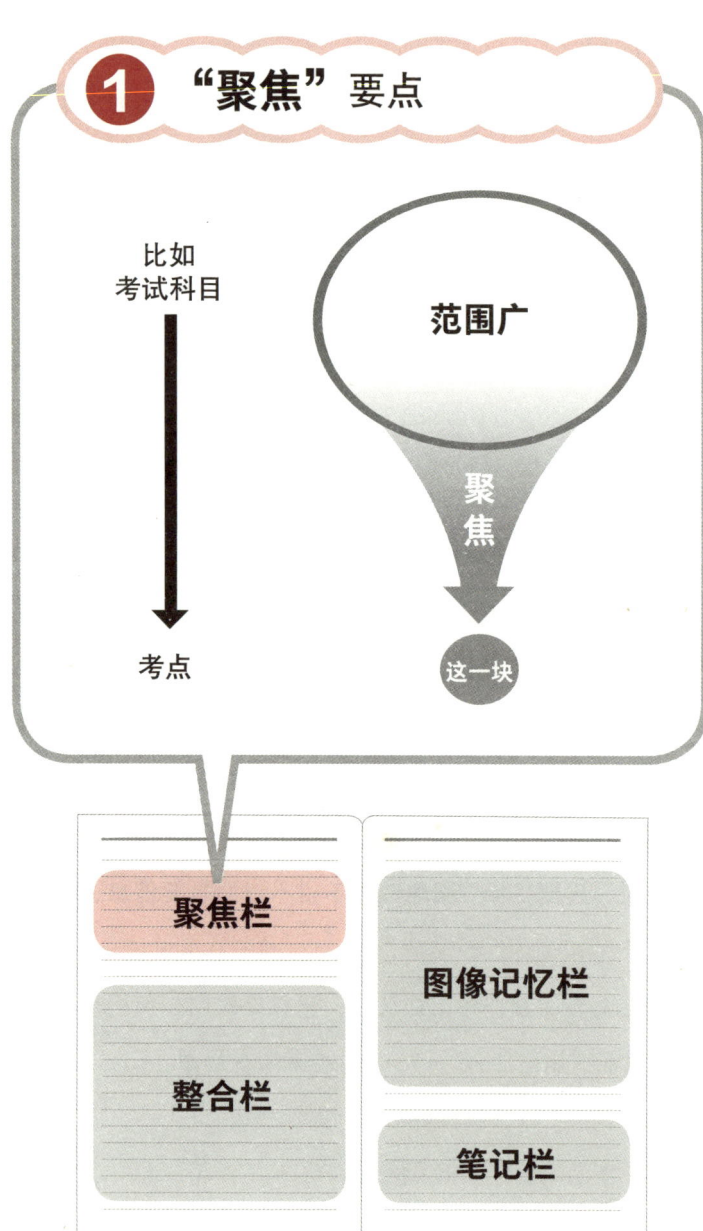

我也曾饱受"遗忘"之苦。只要是人，就总有遗忘的时候。

重要的是，我们必须**下功夫把记住的东西变成不会遗忘的知识**"。

我发现，串联信息，将其加以整合后，记忆就会很牢固。

举例来说，如果让你回想自己的好朋友，你会想到什么？是不是除了朋友的名字，还会回想起他毕业于哪所学校，你们是在哪里认识的，他有什么兴趣爱好，等等？

**难忘的记忆，都是经过系统化整理后成型的**。做记忆笔记时要重视"整合"的原因就在于此。我们要有意识地串联信息，打造"记忆链"。

我会在第 2 章详细说明记忆链的创建方法。

最后是信息可视化，**"利用图像记忆"**。做到这一步，记忆就会更为牢固。

大家听说过"梅拉宾法则"吗？它研究的是人们在接收信息的时候，感知到的强烈印象"从何而来"。

梅拉宾法则显示，**人们会受到"视觉"的强烈影响**。其中有一说法指出，如果用百分比来表示受影响程度的话，"视觉占 55%，听觉占 38%，语言占 7%"，从中我们就能了解到人类有多么依赖视觉。

这就是我为什么强烈要求记忆笔记里要体现"可视化"的原因。信息可视化后会**更加直观，也大大方便了记忆**。

"利用图像记忆"就是记忆笔记的核心。我将用两个章节

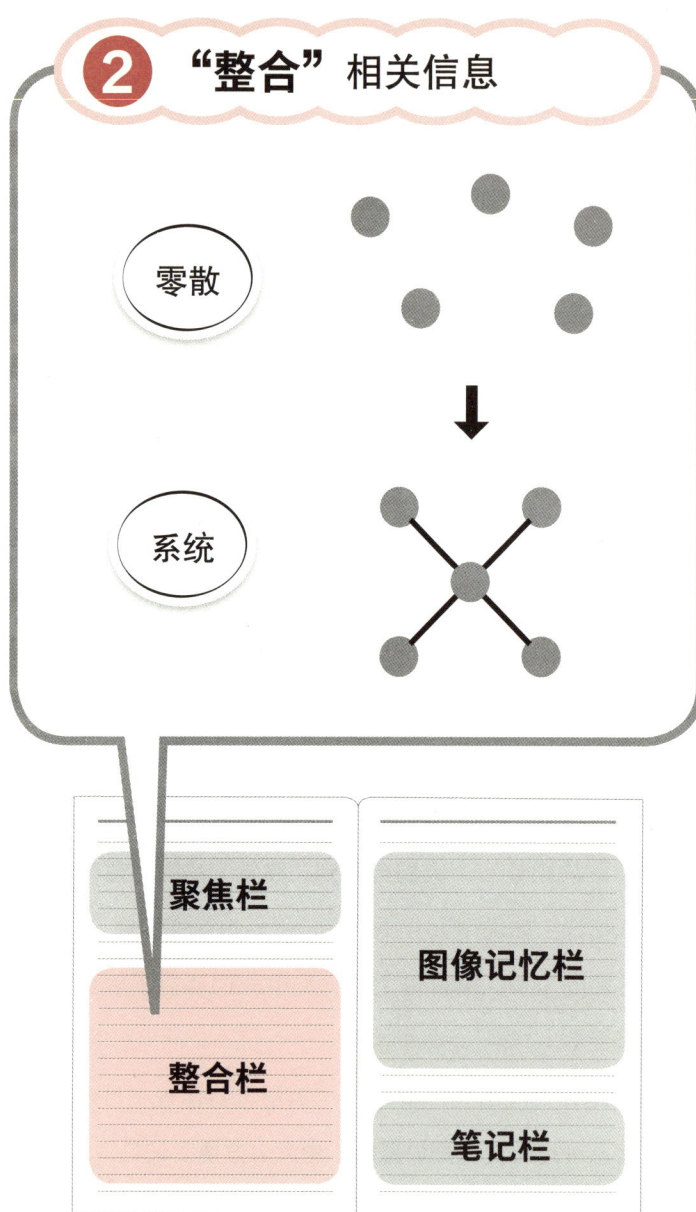

的篇幅，在第 3 章和第 4 章中为大家细致说明"利用图像记忆""利用图表记忆"。

在备考过程中引入以上记忆原则后，我的考试分数、偏差值以肉眼可见的速度不断上升。高考时我只申请了关西学院大学的法学系，首战即告捷。

这是我利用"记忆学习法"走向成功的第一步。

## 一年零四个月即通过注册会计师考试
## ——记忆学习法的效果

记忆学习法适用于任何场合，其中就包括难度极大的资格证考试。

回到备考的话题。进入法学系后，我自然而然地对法律产生了兴趣，于是决定挑战**合格率仅有 3% 的司法考试**。

司法考试与高考的不同在于，前者需要记忆的内容量非常多。

令人震惊的是司法考试一共要考十一科，消化完过去三十年的考题只是通过考试的"基本条件"。一百个考生里只有三人能通过，真的是万人争过独木桥……

但是在实践了"聚焦、整合、利用图像记忆"的记忆学习法，并进一步优化后，**我在大四的时候通过了考试**。大学生通

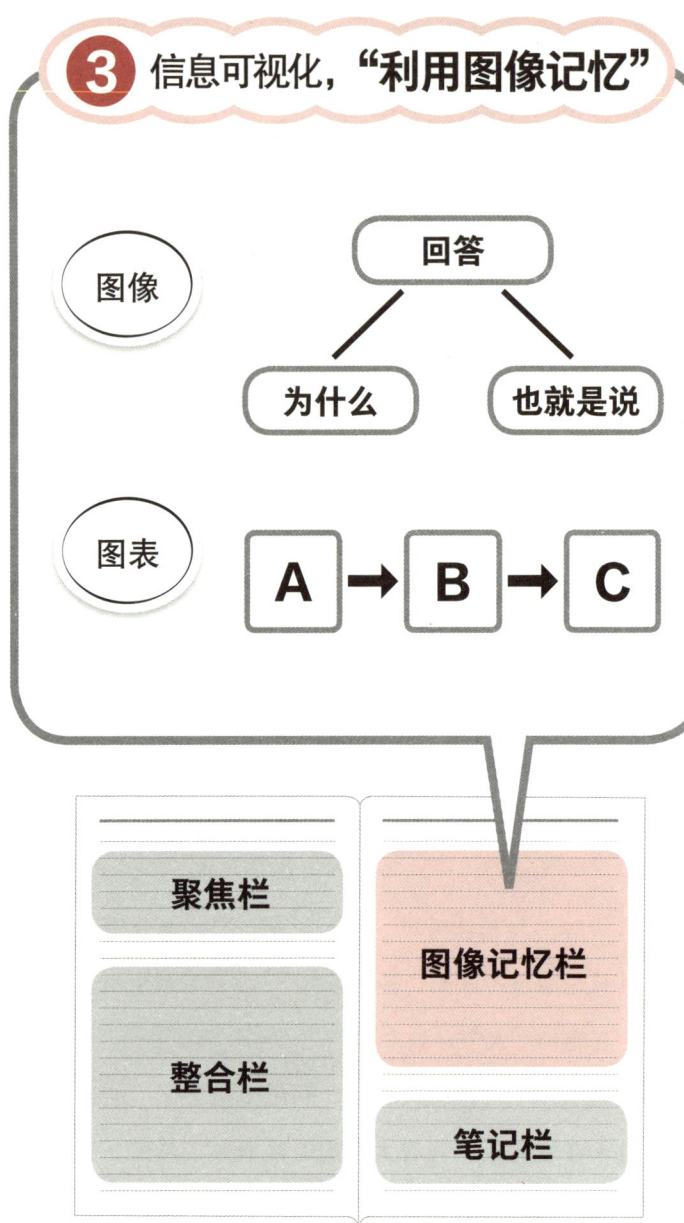

过司考在当时还很少见。

记忆学习法到底好用到什么程度呢？

不知何时，我的内心开始蠢蠢欲动，想要挑战完全未知的领域。这次，我决定报考与过往所学知识完全不搭边的注册会计师考试。

我在完全不懂如何记账的情况下开始备考，结果一年零四个月后就通过了考试。看来，记忆学习法还能助人拿下注册会计师考试。

注册会计师考试包括论文测试，可能有人因此觉得记忆在论文测试一项上派不上用场。然而，论文测试的重点恰恰在于通过记忆掌握完整的论证雏形。

**"会记忆＝会学习＝会成功"是一条普遍适用的法则。**

有了这些经历，现在的我一边从事司法代书业务，一边在面向资格证考试的补习机构里担任讲师。在补习机构，我负责给备考司法考试和注册会计师考试的考生上课。

任教期间我接触了很多考生：辞职专心备考的"专业考生"、一边带孩子一边备考的"妈妈考生"，放弃轻松的大学生活、向资格证发起挑战的"大学考生"……

大家的学习热情非常高涨。

但是越难的考试，通过的人就越少。能考过的终究是少数，大多数人都会落败。

## "记忆笔记"唤出你的能力

大家投入的时间相差无几,为什么差距却如此明显?

从我自身及观察很多人后得出的经验来看,差距的产生在于**"是否了解记忆的窍门"**。差距与天生的能力无关,能够恰当运用记忆技能,即**为活用知识而记忆**的人,才能**把知识与行动结合起来**。

如此一来,自然能产出确切的成果。放到考试上来说,就是能够通过任何考试。

掌握了记忆的窍门,就会更大限度地发挥出你已有的能力。**记忆能力左右你的人生**,这一点毋庸置疑。

目前,我在做"记忆窍门"的推广工作。在此之前,我也通过出书、参加记忆法研讨会、补习班现场教学等方式,向无数人传授了记忆学习法。

**依循记忆窍门学习将改变你的未来。**

如今,很多人都反馈说"利用记忆窍门通过了考试""能完整记下工作中必须掌握的专业知识",这样的反馈真的很让人开心。

写得啰唆了,还请大家见谅。本书介绍的是做笔记的方法,也就是前文所述的记忆窍门的精华。

我把它命名为"记忆笔记"——这是经由系统整理后**任何人都能使用的、极为有效的记忆窍门**。

巧用"记忆笔记",**此前怎么都记不下来的内容会变得非常好记,就像做梦一般**。事半功倍,这就是本书要讲的"记忆笔记"。

## "模式记忆",恒久不忘

聚焦、整合、利用图像记忆你想记住的信息。

记忆笔记采用了这三个步骤,所以相当有效。与没有这三步的普通笔记相比,它们的效果有天壤之别。

除了备考学习,记忆笔记还能用于其他需要记忆内容的场合,包括学习及工作上的专业知识在内的广泛领域。一言以蔽之,**无论要记什么,记忆笔记都能助你牢记于心**。

不过,我也听到过这样的声音。

"实践这三步就好了,不用特意记笔记吧?"

那我再解释清楚一些。

如果不做笔记,聚焦、整合、利用图像记忆这三步就极难实现。

即便能实现,你也要为此花费大量时间。完全在脑内演练是极聪明的人才能做到的事情。

正因为有了"记忆笔记",这样一件高门槛的麻烦事才变得简单起来。

工作与爱好、读书、家务……这些已经让人忙得抽不开身了，很多人不可能单单为了学习耗去一天中的大半时间。"我想用最短的时间、最少的精力记住实用的知识，产出成果！"你一定也是这么想的。

这是理所当然的。如果我是你，肯定也有这样强烈的想法。

所以我们才需要**"用时最短、耗神最少的记忆工具"**。

这个工具就是本书介绍的"记忆笔记"。

**"重复"是使记忆学习法更加见效的秘诀。**一两次就能记住的话，也不会有人觉得记东西难了。

重复的方法很重要，你要做的不是盲目重复。**每次重复都沿用固定的模式，记忆才会更加牢固。**

所以，"记忆笔记"所做的，就是把该写的内容固定下来，使对记忆的操作变得模式化。

"模式化"与"重复"是记忆的必要条件。

## "A4 笔记"是最强大的记忆工具

为大家介绍一下制作"记忆笔记"的必备物品。

首先是 A4 大小的笔记本。笔记本有尺寸小一点的、大一点的，多种多样，我个人推荐 A4 尺寸的。因为 A4 尺寸的笔记本可写区域比较多。

"记忆笔记"不是写写就算了，每天学习的时候都要使用，这是十分重要的。学习过程中，我们会不断加入注意到的要点和需要完善的信息。

如果纸张页面比 A4 小，即便我们想添加内容，也找不到可供添加的空白区域。如果页面尺寸过大，就不能一眼扫过整页，可视化效果会大打折扣。因此 A4 纸的大小刚刚好。

除了笔记本之外，还要准备用来记笔记的**自动铅笔（铅笔也行）和红色圆珠笔**。

使用**字迹可消除的圆珠笔（可擦笔）更加方便**，毕竟有时需要擦掉写好的东西。最近可擦笔已经很常见了，大家可以去便利店购买。

准备工作结束了，接下来进入正题，给大家讲讲如何制作面向考试的记忆笔记。

只说面向考试还是比较笼统，当涉及法律和会计考试，可能有人就搞不懂了。基于此，本书将以"世界史"考试为主要对象。世界史是高中中的必修课，**想必大家都不陌生**。

为了产出成果，我们一起努力吧！

# 第 1 章

## 聪明人不做学习的"无用功"

## 1.1 果断丢弃"无须记忆的内容"

### 聪明人的"记忆方法"稍有不同

"想记却怎么都记不住。"

"明明记住了,但很快又忘了。"

除了少部分拔尖的人以外,大多数人都有这样的烦恼。

很多准备资格证考试的人都曾来找我倾诉这样的烦恼,已经数不清有多少次了。

当然,我也不例外。和你一样,我也曾因记不住而心烦意乱。

为什么想记却记不住呢?

为什么明明记住了,却又很快忘记了?

答案很简单,因为"学习方法",也就是**"记忆方法"不恰当**。

很多人只是翻来覆去地看书本和课文,胡乱埋头做题。

正在读这本书的你,是否也是如此?

这种学习方法属于"传统学习法"。大多数人都习以为常地践行着这种方法。

实际上，当我还是高一差生的时候，也奉行这种方法，刻苦读书。至于重要的学习效果……**我耗费了时间和精力，最终却颗粒无收。**

这究竟是为什么？

一句话概括，就是因为**没有聚焦在必须记住的信息上。**

大家都知道，一个人不可能记住所有东西。确切来说，人的记忆量是有限的。

"人的大脑一次只能记住七条左右的信息。"

这是二十世纪五十年代的美国认知心理学家米勒通过实验得出的结论。

其后的相关研究中，也出现过"只能记住四条左右"的研究结论。无论是哪种情况，**人不可能一次性记住大量信息**这一点是毫无疑义的。

不过，人的记忆其实分两种，包括只在瞬间记住的"短期记忆"与能够保留较长时期的"长期记忆"。对于输出而言，你觉得这两种记忆中的哪一种更加重要？

当然是长期记忆。

举个例子，考试要求我们从大脑中抽出已经记住的知识，正确解答问题。暂时性记忆**在这样的正式场合完全不顶用。**

只集中在"要记的内容"上！

记住！

不记

聚焦

令人痛心的是，人类的大脑天生就知道如何遗忘。

"一天过去后，大脑会遗忘74%的已学内容。"德国心理学家赫尔曼·艾宾浩斯的研究导出了这个结论。

所以，我们必须想办法实现高效记忆，使记忆稳固在大脑中。

大家都很忙，能够花在学习上的时间都是有限的。

**在有限的时间内，如何以少量精力产出成果？**

这就是大家在学习上该下的功夫。以考试来说，它就是合格与否的决定要素，这么说绝非夸大。

用最短的时间、最少的精力产出成果的第一步就是**"聚焦需要记住的信息"**！

你的心里要有这个概念。

聪明人、擅长学习的人能明确区分"要记的内容"和"不用记的内容"。

信息经提取后容量减少，"记忆"和"维持记忆"就会变得简单。

这个道理大家都能理解吧？

## 越"好记"就越能牢记

假如你学习的目的是**"通过考试"**。

那么你必须记住的信息，就只有**"考试中（可能）出现的信息"**。

不算考点的知识再怎么学习也没有意义。

制作"记忆笔记"同样如此。

你首先要做的,就是选出"要记的内容"和"不用记的内容"。我们先从选出要记的信息,填入记忆笔记的"聚焦栏"开始。

下面谈谈具体怎么做。

填写"聚焦栏"的窍门就是**"写简单一些"**——仅此而已。

前文中,我用米勒的研究解释过,人的记忆能力有限,超过一定量的信息不会被大脑吸收。

做笔记的时候,我们要**尽量简化信息,把它的容量压缩到好记的程度**。

给大家举一个例子。请大家看下一页的图。

假设我们要记住的是世界上人口排名前三的城市。

我们要尽量简化、压缩文本里的信息,**剔除多余的信息,只在"聚焦栏"里简单写上需要记住的信息**。

压缩到这个程度后,记忆起来更为简单,同时又节省了时间(缩短时间非常重要)。

你可能觉得这么做太麻烦,但是习惯后就会发现其实很简单。

这个记忆窍门绝对有效,大家一定要试一试。

**写得越简单，内容越好记！**

按人口从多到少的顺序对世界城市排名[①]，第一位是印度的孟买（1191万人），然后是巴西的圣保罗（1049万人），韩国的首尔（1028万人）

提取

为减少信息量，笔记里略去数字

---

人口数量排名前三的城市

1 孟买

2 圣保罗

3 首尔

---

[①] 该排名统计时间截至2016年。——编者注

## 1.2 聪明人懂得"聚焦目标"

### 分辨"无须记忆的知识"的诀窍

这一点很重要,所以我要再说一次:想在有限时间里产出成果,就需要集中学习真正重要的信息。

为方便大家理解,这里还是以考试为例。考试中真正重要的信息,就是"题目涉及的信息",且同时是**"必须解答出来的信息"**。

这一点大家都知道,我为什么还要特意提出呢?因为考试中存在"虽然出在题目里,但**并不需要解答的知识**"。

既然不用解答,当然就没必要去记。

当你的学习目的是通过考试时,需要学习的信息可做如下分级:

> 基础级:不会出现在题目里,但是答题时必须掌握的基础知识。

初级：大多数考生都能解答的知识。

中级：达到及格水平的考生能够完整解答的知识。

高级：仅少部分考生能够解答的知识。

特级：考点外的知识。

我再稍做补充。

基础级：比如初中生做数学题时遇到的加减法运算。不懂加减法就无从下手，这就是基础级知识，自然必须掌握。

初级：它和基础级一样，也属于基本知识，只是会直接出在题目里。这样的题人人都会答，一旦出错就是致命级，因此必须掌握。

中级：**合格与否的分水岭**。如果在这个级别不丢分，想通过考试就没有问题。以统一的中考为例，中级的难度相当于二次函数的相关知识，这么一说大家就懂了吧？要确保考试通过，就必须掌握中级知识。

高级：特殊、复杂的信息，说白了，对合格与否影响不大。再说极端一点，如果考试中出现了没人会做的题，那这道题从一开始就相当于不存在。属于这个等级的信息，即便会成为考点也无须记忆。

特级：考试中不会涉及的知识。无论学什么，大家都会越学越觉得有趣，越学越细，这一点需要引起注意。**特级知识可以在通过考试后当成兴趣去学**，自然没有必要去记。

比起一味埋头学习，事先整理出必要的知识、不必要的知识，与合格与否有直接关系的知识、没有直接关系的知识，然后再进行学习，自然更见成效。

这样的做法对任何学习形式来说都很重要。

## "三本书中两本都有的知识"一定要记

"要记的信息"和"不用记的信息"——有种简单的方法可明确区分两者。

这种方法的目的是确认看到的信息是否属于"高级、特级信息"，对其准确定位。

你需要准备三份信息源，以考试来说，就是三本教材。

1. 基础教材
2. 应用教材
3. 习题集

以学习世界史里的近现代史为例。基础教材就是"学校使用的教科书"，应用教材是市面上专门讲解近现代史的"参考书"，然后再加上"习题集"。

你可以使用手头已有的三份信息源，没有必要强迫自己买其他的书。

如果在三本书中的任意一本上发现了自己觉得有必要记忆

## 聚焦"需要记忆的信息"的窍门

备考场合下——

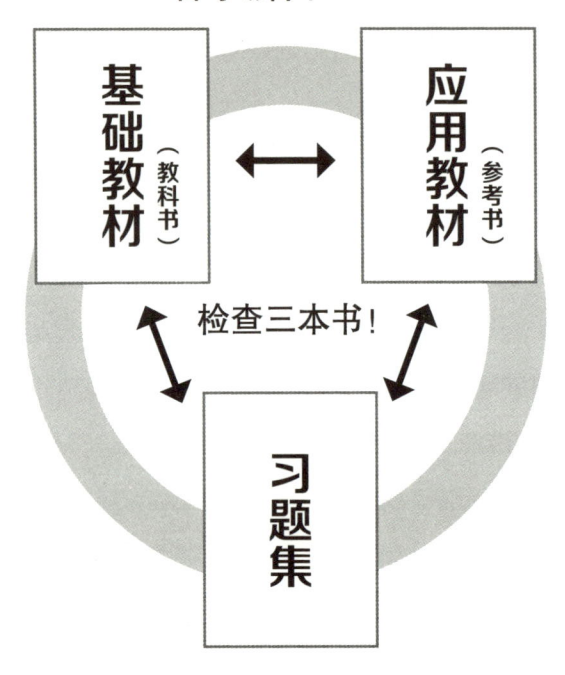

基础教材（教科书） ↔ 应用教材（参考书）

↓ 检查三本书！ ↓

习题集

检查记载共同信息的册数并判断！

重要 ↑

☆☆☆ 三星为必考点，**必须记！！**

☆☆ 两星可能成为考点，**需要记！**

☆ 一星非考点，**不用记。**

的信息，就**再去翻其他两本，看看有没有记载同样的信息**。

比如，在看参考书的时候遇到了一个觉得有价值的术语，那就再检查检查教科书与习题集，看看有没有记载相同的术语。

看看三本书中有几本记载了同一知识点，从而提取出需要记忆的信息，再把需要记忆的信息简单填写到"聚焦栏"里。

三本均有记载→必考点，必须记。

两本有记载→可能成为考点，需要记。

一本有记载→高级、特级信息，不用记。

## 1.3　高效找出"要点",学习要点

**正确的学习顺序是"做习题集→看书"**

还有一种方法也能找出需要记的信息。

如果是为考试而学,那么"**解题**"——"输出型学习"就非常有效。

学习分为输入型和输出型。

输入型学习,就是看书学课文,吸收知识。

输出型学习,就是训练自己活用业已吸收的知识。比如,重复做题,检验优化自己输入的知识。

一般而言,很多人学习的时候都遵循"输入→输出"的顺序,因为大家都觉得,没有预先掌握知识就无法应对真题演练。

这样做有一定的道理。我过去也是按照这个顺序学习的,这是自小便有的学习习惯。我曾经认为,做题就是检验自己学到的知识掌握得是否牢固。

然而要想高效记住知识,**提早进行输出尤为重要**。

原因在于，**习题集里涉及的信息是很可能成为考点的重要信息。**

实际上，教科书和参考书里有很多知识点是可以逆向学习的。书里的一些内容是为了使论述更加系统而添加进去的，它们并不会成为考点。

而习题集里涉及的，是可能考查的信息。

由此看来，习题集已经实现了某种程度上的信息提取。

正因为如此，大家才应该早点进入输出型的学习模式。

## "正确率不满30%的问题"可以忽略

只要以输出型学习为重心，就能集中学习必须记住的重要信息。

这里再为大家介绍一个利用**"模考成绩单"**提取重要信息的方法。

模考成绩出来后，大家可以看到每个问题的正确率，这项数据具有很大的利用价值。关注正确率，就能轻松提取出所需信息。

模考的答题正确率，可以传递出如下信息。

70%及以上→及格水平之上的考生都会做的题（初级）。这一部分绝对不能失分，要写到"聚焦栏"里。

30%~70%→筛选用题。这一部分能否得分决定了是否能通过考试（中级），要写到"聚焦栏"里。

30%以下→偏题、难题（高级、特级）。不用特意去记。

在你答错的问题中，**如果有正确率在30%及以上的问题，就应该加到需要记忆的信息里**。尤其是在正确率高于70%的问题上失手时，就会成为这场考试中的致命点。

像这样，要在自己答错的问题中**找到"其他考生都会做的题"，提取出需要记忆的信息**。

这个方法适用于一切学习，不仅限于备考学习。

比如，当工作中需要记忆专业知识的时候，比起无人了解的知识，应当先记住众所周知的知识。因此在看专业书的时候，要从最常规的地方开始看起。你要做的就是找出前人已知的信息，专注记忆这些信息。

大家要意识到，输出型学习是"聚焦需要记忆的信息的手段"。做任何事的第一步都是要强烈意识到问题所在。

## 1.4　工作与学习都能在"过去的事例"里找到启发

### 了解过去就能预知未来 —— 真题的意义

**"好好研究真题非常重要!"**

所有通过考试的人都会说这样一句话。

与学习一样,就工作而言,从过去的事例中汲取营养同样十分重要。

为什么呢?

大家说得最多的是研究真题、过去的事例,就能了解题目类型和考查的"模式"。

这种说法确实有一定道理。但如果针对的是考试,那么做几次真题就能摸清题型了,这不足以令通过考试的人"强烈"推荐做旧题。

以我的经验来说,真题的重要性还体现在其他地方。

**"通过真题,我们可以预测出接下来会出什么样的题目。"**

这是学习过程中利用真题的最大好处。

放到工作上来说，通过以往的事例，大家可以预测未来。

就考试来说，当你站在出题者的立场上思考的时候，应该很快就能理解我所说的了。

毋庸置疑，出题人不会依据个人偏好出题。他必然会先看过去的形势，也就是真题，解读曾经的出题人是怎么想的，然后沿用曾经的出题思路。

出题人比考生更关注真题。

研究真题的时候，出题人只会思考两件事。

1. 不能再出与真题一模一样的题目。
2. 不能太偏离原来的考题。

原因在于，再出与真题一模一样的题就太蠢了，过于偏离真题又会被人质疑出题人的专业度不够。

## 答案围绕着"过去的事例"？

想想出题人的心理活动，大家就能推测出新考题很可能与真题相关。

因为新考题既不会与真题重复，也不会偏离太远。

包括考试在内，"作战"最基本的一条就是弄懂对方的路数。如果能正确理解对方（就考试而言，对方就是出题人）的路数，你就会明白只要**记住与过去事例相关的信息即可**。换言之,如果面对的是考试,就要好好利用真题,把它当作**"提取应记信息的工具"**。

那么什么是真题的关联信息?

**根据"真题中出现的关键词"进行联想**,就是找出关联知识的简单方法。

假设真题里提到了"克里米亚战争持续到1856年",你就要联想到如下知识:

· 看到克里米亚战争,联想到夜莺(基于克里米亚战争的联想)。

· 看到1856年,联想到同年世界史上还发生过亚罗号事件(基于1856年的联想)。

你要把它当作真题的关联知识去记忆,把它写到"聚焦栏"里。

结合第2章介绍的"整合栏"进行灵活运用,基于真题做出的出题预测就能发挥出更大的威力。详情将在后文叙述,至此请大家先掌握"根据真题里的信息、过去的事例涉及的热议信息预测关联知识"的技能。

## 1.5 从今天开始"简化"记忆

### "简化"后能记住九成内容

接下来谈谈如何填写记忆笔记里的"聚焦栏"。

在此之前,再给大家提一下"容易使记忆变牢固的写法"。

先说结论,**需要记住的信息应简略填写在"聚焦栏"里**。即使你看到了三行,也不能全部照抄进笔记。

简化之于记忆非常重要,对这一点我将继续深化讲解。

对于需要记住的信息,大家有没有思考过它的"形态"?

就考试来说,**教材里的信息形态并不适于记忆**,难以被大脑处理。原因在于信息的"性质"。

教材是供读者阅读学习的材料,必须让读者理解其中的内容。大家要知道,这就意味着教材里的信息＝用于解释说明的信息,**其形态采用的是编者视角**。

而对接收信息,即需要记忆的一方来说,便捷的信息形态与教材里采用的形态是不同的。"**短小、简单、精炼**"的信息显然更好记。

编者大为重视通俗易懂的效果，由此撰写的烦琐表达其实对记忆并没有帮助。

这是编者与读者的立场不同导致的差异，就考试来说，教材里的信息必然很难记住。

所以，**身为记忆的一方，我们更有必要整理信息，把信息转换成易于记忆的形态**。填写"聚焦栏"就是为了实现这个目的。

### 长句以"主语+谓语"结构概括后会变简单

想要高效记忆教材的内容，是有窍门的。

**信息由长变短——**

比如，大家可以把长句整理为**"主语+谓语"的简单形式**。如此一来，内容就好记不少。

举个例子，我们把如下几行转换成"主语+谓语"的简单形式后再记忆。

历史上首个以世界和平为己任的大规模国际组织联合国基于威尔逊的十四点原则创立，总部位于日内瓦，以联合国大会、理事会为中心展开运营。

↓

· 联合国基于威尔逊的十四点原则创立。

・联合国总部在日内瓦。

有些时候，长句转换成"主语+谓语"的简单形式后依然容量惊人。这时大家可以把它分为多个短句，把切分后的信息填入"聚焦栏"。

**若干个短小信息比一个大容量信息更好记。**

以记电话号码"08011112222"为例，大家要做的不是连着记忆十一个数字，而是先把这串号码拆分成"080""1111""2222"三个短小信息，这样记起来才会更加轻松。

## 用"也就是说"做整合，简单程度更进一步

还有一个更简单的方法，即用"也就是说"的思维来压缩信息。

假设你需要记住这样一则信息。

三名考生面前有三本参考书。通过考试的人看了右边的那本，没通过考试的人看了中间那本，同样没通过的另一个人看了左边那本。

如果你记成"通过的人是右边，没通过的是中间和左边"就太费劲了，需要记忆的量比较多。

记忆的时候可以问自己"也就是说……"，以此压缩需要

**记忆的信息量**。经过这个步骤后,你就可以把以上信息简化为一句"考试通过的人看右边的参考书",再把这句话填入"聚焦栏"中。

接下来,我们谈谈用"也就是说"的思维压缩信息时所需的窍门。

这个窍门就是"与业已掌握的信息进行比较"。**大家要把需要记忆的信息与自己已经了解的信息结合起来。**

比如,看到这样一则信息——实验过程中,灯的颜色变红预示实验危险,你简化成"红色危险、红色危险……"来记忆也没什么问题,但是如果能联想到"和红绿灯一样",那么一下子就完全记牢了。

大家记忆的时候,需要有意结合已知的知识,将新信息转换成更易被大脑记住的信息。

准确吃透"必须记住的信息",就能在短时间内实现高效记忆。

# 第 2 章

## 信息"整合"后易于记忆

## 2.1 串联知识,打造"记忆链"

### "难忘的记忆"都有一个共同点

"聚焦、整合、利用图像记忆"——这三个步骤是巧记的窍门。

在第 2 章,我将为大家介绍"整合"相关信息的方法。

大家接下来要做的,是把写在记忆笔记上"聚焦栏"里的信息与"整合栏"里的其他知识结合起来。**基于提取好的信息派生出其他知识。**

那么知识为什么要串联起来呢?已经通过"聚焦栏"明确了要记什么,接下来只要一个个记住不就好了吗?

从结论来说,串联知识是为了使你**记牢**想记住的信息。

大家要知道,**难忘的记忆大都与其他知识结合在一起。**

插句题外话。我有个高中同学叫高桥,高三的时候我们同班。高桥是足球部的成员,体育全能,在球类比赛上是明星选手。但他的英语很差,总要补考,正应了一句话:上帝不会同时给你打开门和窗。

之所以提起这段往事，是为了确认我能够长期维持的记忆处于什么样的状态。想起高桥的时候，我想到的不只是记忆中的那个名字和那张脸，还有"高三同班""足球部、球类比赛的明星""补考英语"等信息。

就像这样，**难忘的记忆往往都是若干知识的聚合。**

回到学习的话题上。

常规的学习方法是看到该记的就记，发现该记的就记。长此以往，掌握的知识都是孤立的。

所以，我会对自己的学生这样说：

**"把要记的信息和相关信息串联起来，整合后记忆！"**

做到了这一点，你就能用以往时间的一半实现高效记忆，记忆也会更加牢固。

"整合栏"的意义就在于整理可串联的信息，将其一网打尽。

创建了**"记忆链"**，你就能记后不忘。

## 2.2　接龙式联想法——"整合"技术

**想到什么就是什么，自由联想法**

使用"整合栏"串联知识，建造不忘的记忆——这是我备考时一直坚持做的事情。

顺序如下，共分三步。

1. 在"整合栏"左上方填入"聚焦栏"里的笔记。
2. 基于已有信息进行问题联想，写下"在意的事"。
3. 把"在意的事"写在联想连接线附近。

步骤1很简单。假如在学习世界史的时候，你在"聚焦栏"里填写了"路德提出的是九十五条论纲"，那么你只需要把这句话抄到"整合栏"左上方就可以了。

步骤2就是从步骤1抄写的信息中选出一个词，基于这个词联想其他知识。

"为什么提出了九十五条论纲?"假如你对这个问题有求知欲,就把问题的答案写到联想区。

写的时候,你只需要"从左上方开始画出 U 形线,沿着 U 形线做记录"。我把它叫作"接龙式联想法"。

联想路径如下:

1. 为什么提出了九十五条论纲? → 为了批判赎罪券
2. 赎罪券是谁想出来的? → 利奥十世

大家要从已记录的信息出发,通过问题联想串联起在意的事。

填写联想区的信息时,如果适用"主语 + 谓语"的简化法,就转换成"主语 + 谓语"的形式记到笔记里,毕竟信息还需要联系上下文传达出来。

步骤三就是把"在意的事"记到"整合栏"里。你要把它写在联想源与联想区的连接线附近。以前文所述为例,如果你想知道提出九十五条论纲的原因,就要写上"为什么?",这句"为什么?"会在复习时发挥重要作用。

大家不要把这里说的联想看复杂了,**自由发散思维即可**。

"九十五条论纲"出自路德,大家顺势就能想到:"为什么要提出九十五条论纲?"得出答案是"批判赎罪券"后,可能依然会生出疑问:赎罪券是谁提出来的?这时就可以写下"是

## 建造记忆链就能牢记！

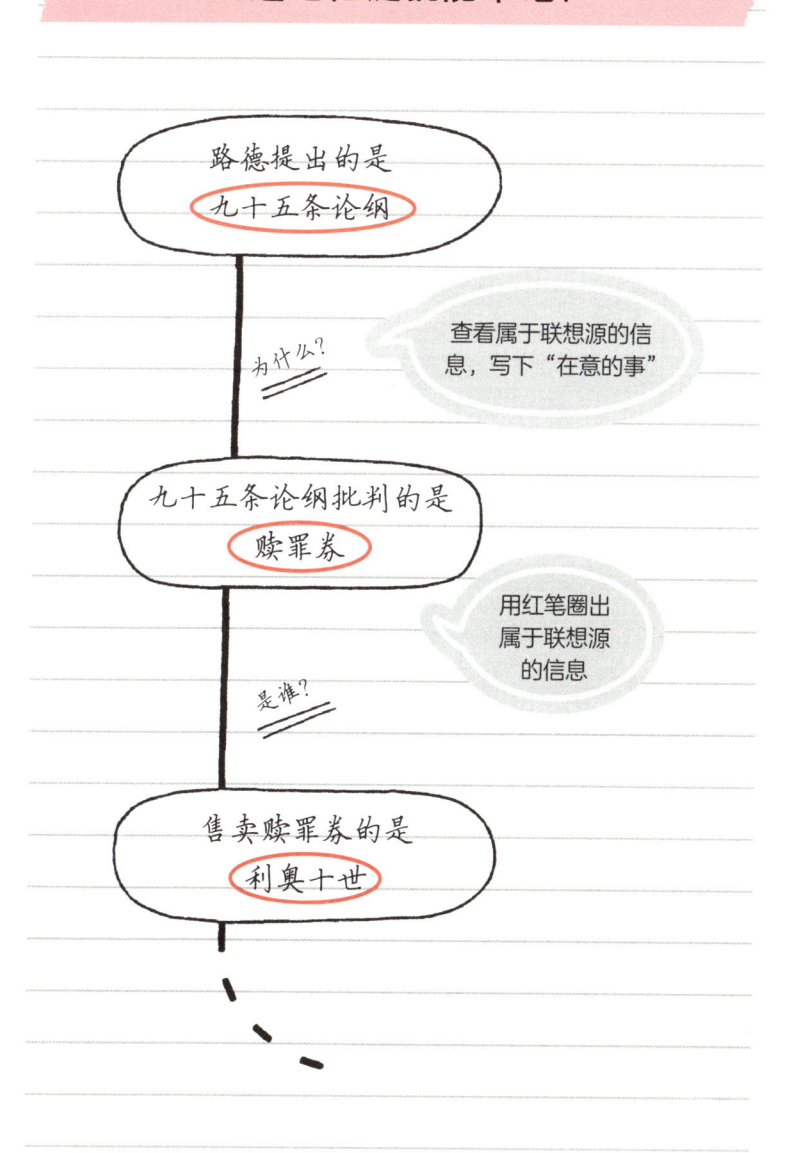

- 路德提出的是 **九十五条论纲**
  - 为什么？
- 九十五条论纲批判的是 **赎罪券**
  - 是谁？
- 售卖赎罪券的是 **利奥十世**

> 查看属于联想源的信息，写下"在意的事"

> 用红笔圈出属于联想源的信息

谁?"像这样,无意的疑问就是引发联想的契机。

在学习过程中,时时复习很重要。**用红笔圈出起到联想源作用的词语**,会给复习带来帮助。建议大家使用能够消除字迹的圆珠笔(可擦笔),这样就能按自己的需求擦除笔迹。

## 2.3 为什么"开阔视野"会让头脑变聪明

**以思考"同一时代的其他地方发生了什么"为例**

如同聪明人都有共同点一般,不聪明的人也有共同点。从聪明人身上当然能学到东西,但不聪明的人身上同样有可以学习的经验。大家可以从不聪明的人身上总结出"良好的反面教材",避免出现在自己的学习当中。

不聪明的人具备的共同点之一,就是"视野狭窄"。他们眼中只看得见当下正在学习的东西,头脑被教材占满。

与此相对,**聪明人则"视野开阔"**。除了学习当下的内容,他们还能灵活思考其他事情。

比如,在学习世界史框架内的中世纪欧洲史时,聪明人会思考"同一时代的亚洲发生了什么",然后去翻看亚洲史课本。

这就是"联想",是无意识地串联信息。

不经意间进行联想,串联起信息的好处之一,就是**会增加与信息的接触次数**。寻常的学习在接触到眼前的信息后即停止,但如果与其他信息联系起来，你就会同时接触到其他信息，记忆效果就会得到加强。

"想到什么就能联系到其他信息"的好处不仅限于此，它还能使你在记忆力超过平常水平的状态下记忆内容。因为"喜欢的东西更好记"。

能够联想到其他信息，最能证明大脑对原先的信息"有兴趣"，因此记忆的难度也会降低。

## 视野越开阔，学习和记忆能力就越强

联想时**不能被"单元"困住**，这一点很重要。

当你的意识仅停留在"中世纪欧洲史"时，联想的范围就很狭窄，难以大幅扩充知识。学习中世纪欧洲史时，同时放眼亚洲史就更进一步。

"单元"本是教学人员为方便教学而设置的区块。对于学习的一方来说，这样的设置也不是全无好处，以单元为单位学习自有一定道理。

但是，学习程度加深，对信息有了全面认识后，情况就不同以往了。"单元"制造出的是"割裂的知识"，阻碍了维持记忆所需的知识联结。

从某种程度上讲，学得深入之后就**应该跨越"单元"，派生知识**。

不仅要跨越"单元"，面临考试的时候，无视"科目"的束缚，**同时关注到其他科目**也是行之有效的备考方法。"科目"的框架也会导致"知识的割裂"，大家需要留心这一点。

假如你要考世界史和日本史，目前正在学世界史范畴内的"中世纪欧洲史"。这个时候，你就可以联想"同一时期日本的掌权者是谁，日本发生过什么事"之类的问题。

资格证考试同样如此。即便你学的是公司法和商业法，也要时常思考它们的基础法——民法中的案例。也就是说，学习公司法和商业法的同时，你还要学习民法。

为同时关注到其他单元、科目，**开始学习之前，你要先看看自己将要学习的内容是否与其他单元、科目相关**。

说句实话，我刚开始的时候完全不懂怎么做，无论如何都跳不出自己当下正在学习的东西。

后来我意识到，无法将当下所学知识映射到其他单元、科目上，并不是因为我不擅长联想，而是一开始就没有意识到其他单元、科目的存在，因此怎么学都记不住，学习起来很吃力。

养成将当下所学知识与其他单元、科目联系起来的习惯后，我的成绩显著提升，印证了前文所述的情况属实。同时学习其他信息也是一种反复学习，会快速增强记忆力。

这种学习方法看起来费劲，习惯了也就不觉得了。希望大家能认真践行。

## 2.4 必见成效的"记忆战略"

### 工作与学习中都存在"押题法"

再说一个别具一格的"整合栏"填写方法。

在此之前,我想先谈谈"押题学习法",即预测出题方向,集中学习可能成为考点的内容。

如前文所述,所谓学习,就是"用以达成工作及人生目标的手段"。

如果你现在面临的是入学考试、资格证考试等**事关人生的考试**,那么合格就是你的目标。要达成这个目标,解读出题者的心理、预测考题等"考试战略"是不可或缺的。

不仅考试如此,工作和日常生活中,"押题"同样重要。

举例来说,当你想和客户谈成一桩生意时,你提出的条件就必须与对方希望的条件达成一致。为找出双方之间的平衡点,就要揣摩对方的反应和言外之意,心里有个预判。这其实也是"押题"。

在第 1 章，我以备考学习为例，介绍了利用真题做预判的学习方法。具体来说，就是在"聚焦栏"里填入基于真题联想到的其他知识。

接下来要介绍的，是在利用"聚焦栏"的同时使用"整合栏"，更加**高效地整合真题的相关知识、联想知识，促进记忆的方法**。

**借"真题"串起关联信息**

先来看实施步骤。

1. 在"聚焦栏"内填入基于真题联想到的关联知识。
2. 在"整合栏"中央填入"聚焦栏"里的关键词。
3. 进行"联想"，发散知识。

实施第一步时要像第 1 章介绍的那样，在"聚焦栏"里**填入以"主语+谓语"的形式处理过的简单词句**。为多留一些用于联想的词语，大家可准备三到五句"主语+谓语"形式的短句。

短句可以类似于"日本于二十世纪中期建立警察预备队""日本在旧金山讲和会议上签订了和平条约""同时缔结日美安全保障条约"。

写好短句后，接下来就要在"聚焦栏"中寻找关键词。以

## 关联信息也可轻松整理！

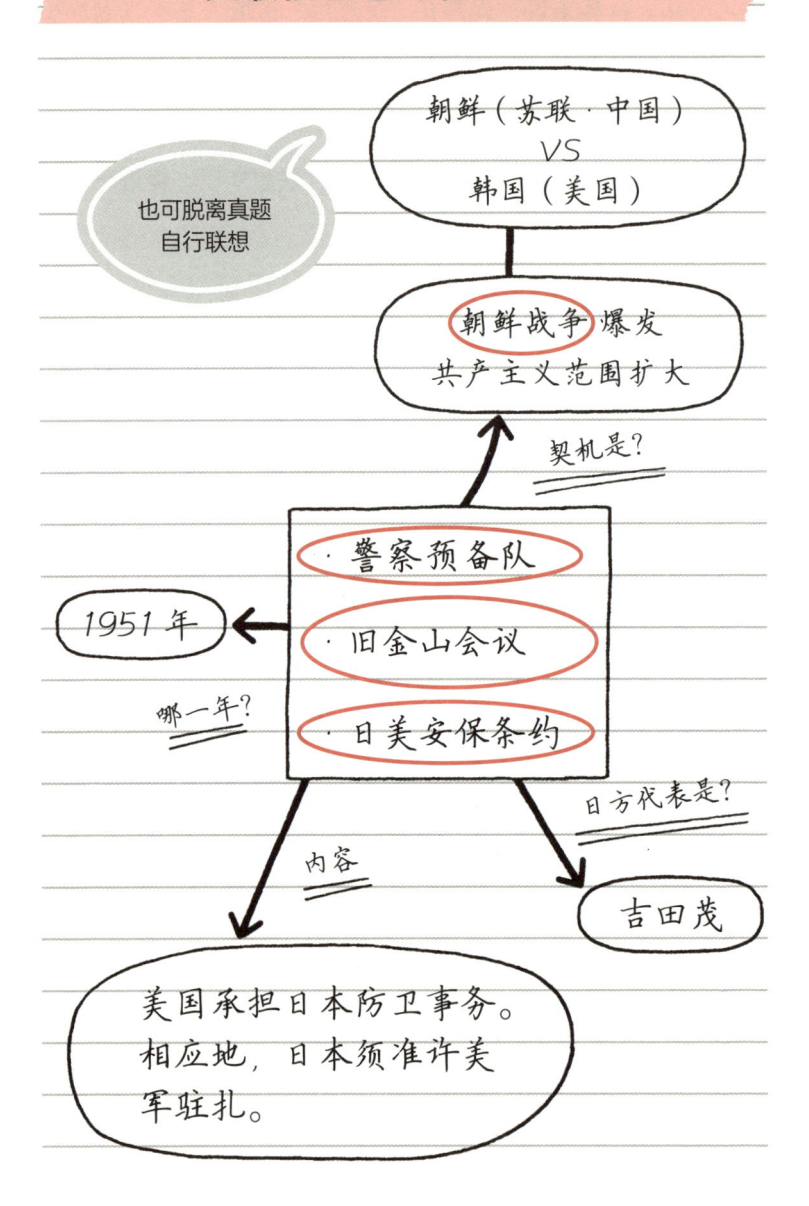

```
                        ┌─────────────────┐
                        │ 朝鲜（苏联·中国）│
                        │      VS         │
    ┌──────────┐        │  韩国（美国）   │
    │也可脱离真题│        └────────┬────────┘
    │ 自行联想 │                  │
    └──────────┘        ┌────────▼────────┐
                        │ 朝鲜战争 爆发    │
                        │ 共产主义范围扩大 │
                        └────────┬────────┘
                                 │ 契机是？
                                 │
              ┌──────────────────┴──────────┐
              │ ·警察预备队                  │
  ┌───────┐   │                             │
  │1951年 │◄──│ ·旧金山会议                  │
  └───────┘   │                             │
   哪一年？    │ ·日美安保条约                │
              └──┬──────────────────────┬───┘
                 │ 内容            日方代表是？
                 │                      │
                 ▼                      ▼
    ┌────────────────────────┐      ┌───────┐
    │ 美国承担日本防卫事务。  │      │ 吉田茂 │
    │ 相应地，日本须准许美    │      └───────┘
    │ 军驻扎。                │
    └────────────────────────┘
```

先前所写内容为例，可提取关键词"警察预备队""旧金山讲和会议""日美安保条约"。

把这些关键词填到"整合栏"中央。写在中央是为了尽量**联想出更多真题的关联信息**。

接下来，根据这些词语进行联想。

前一页的图示是从考查第二次世界大战后历史的真题出发，展开联想后制作而成的笔记。

想在最短时间内，以最少的精力产出成果，战略就显得十分重要。押题是非常有效的方法。

说一件很久之前的事，我第一次挑战司法考试时以失败告终。那个时候，我其实客观上具备通过考试的实力，然而却没有合格。

其中当然存在多种原因，我学得很认真，不过从没预判过可能会考什么……

这就是我现在分析得出的失败原因。

如果你从未在正式场合中收获预期的结果，不妨思考一下是否有战略不足的原因。

考试需要"押题"——掌握了恰当的记忆战略，你就会向成功迈进一大步。

## 2.5 利用图表的"高效记忆法"

### 图表里集成了联想关键词

刚开始学习的时候,大家或许会觉得"整合栏"不太好写。

我也曾经听人抱怨:"知道要联想,但我的知识储备还没到那个水平呢!"

如果你也有这样的烦恼,那我向你推荐一个技巧。使用这个技巧,写"整合栏"就不再是一件难事。这个技巧就是**利用图表**。

书本里有已经为大家整理好关联信息的便捷工具,这个工具就是图表。

图表里并非集聚了全无关联的零散信息,它能够使我们一览**存在某种共通点的关键词**。

从整合关联信息、统一记忆的作用来看,不用图表就是暴殄天物。大家可以利用图表填写"整合栏"。

## "有共通点"就能轻易联想

基于图表填写"整合栏"的具体方法如下:

1. 找出与"聚焦栏"内所写内容有关的图表。
2. 找出图表中关键词的"共通点(整合标准)"。
3. 结合关键词与共通点进行联想。

简单来说,就是**打散图表里记载的知识,重新整合后填写到"整合栏"里**。

或许有人会认为:"直接记忆图表不就好了吗?"

确实如此。不过特意打散并重新整合是有原因的。

从结论上来讲,比起直接记忆图表,**采用借整合栏加以整合的方式会使记忆效果更上一层楼**。

想让记过的东西长久留存在记忆里,就必须重复记忆。

使用记忆笔记学习的方法同样重视复习,而复习的时候,"整合栏"就会起到很大作用。

我将在第6章叙述详情,简单来说,大家要做的训练就是"看到联想源信息,回想自己联想出来的信息"。在这个过程中,**大家会感知到信息的联结方式**,这对强化记忆非常有效。

正因为如此,才需要打散系统化的图表信息,将其重新整合到"整合栏"里。

举一个具体的例子,请大家看图。

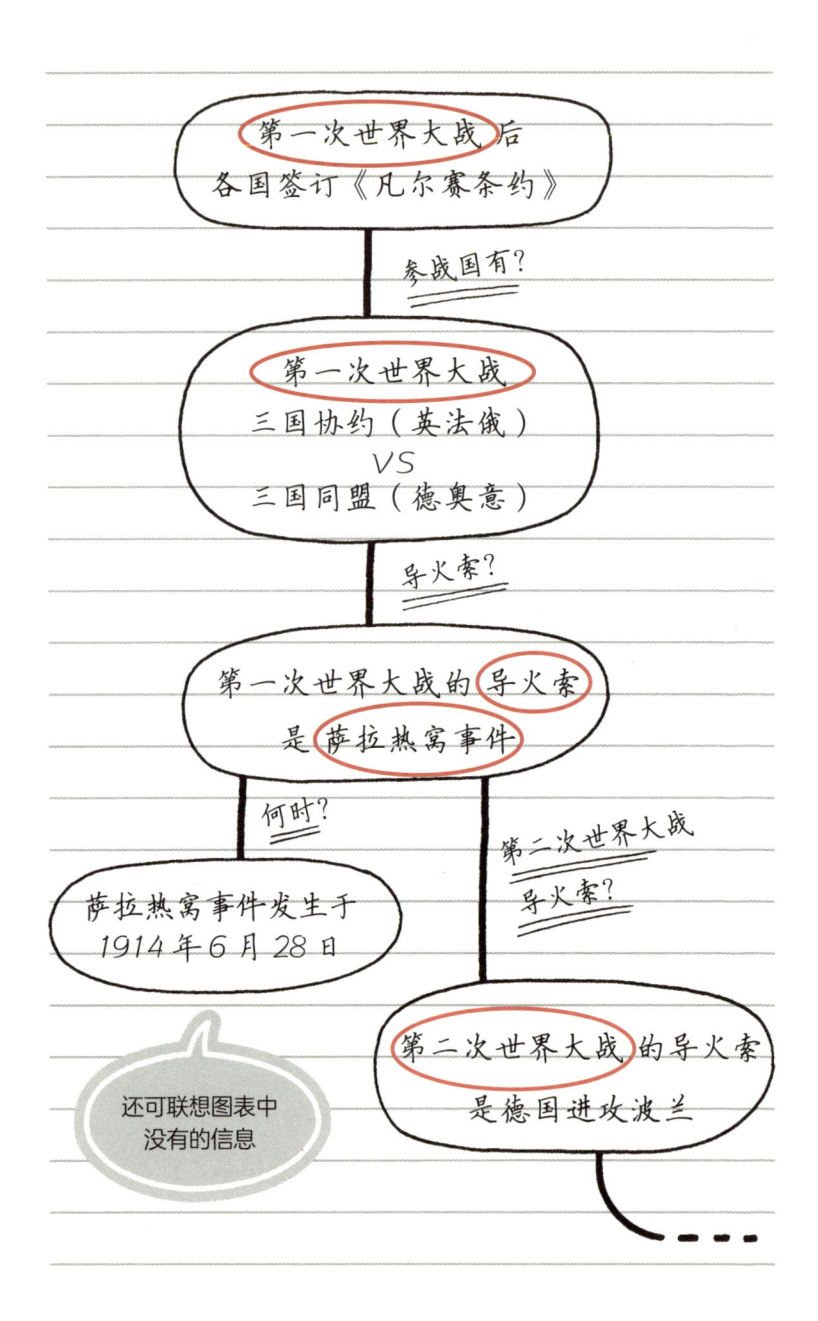

```
┌─────────────────────┐
│  第一次世界大战 后    │
│ 各国签订《凡尔赛条约》│
└──────────┬──────────┘
           │ 参战国有？
┌──────────┴──────────┐
│   第一次世界大战      │
│  三国协约（英法俄）   │
│        VS           │
│  三国同盟（德奥意）   │
└──────────┬──────────┘
           │ 导火索？
┌──────────┴──────────┐
│ 第一次世界大战的导火索 │
│   是萨拉热窝事件      │
└────┬────────────┬───┘
  何时？     第二次世界大战
             导火索？
┌─────────────┐    ┌──────────────────────┐
│萨拉热窝事件发生于│   │ 第二次世界大战的导火索 │
│ 1914年6月28日 │   │   是德国进攻波兰      │
└─────────────┘    └──────────────────────┘
```

> 还可联想图表中没有的信息

## 利用图表，一口气记住关联信息！

**聚焦**
第一次世界大战后各国签订《凡尔赛条约》

> 需要记住的信息

↓

**查看教科书、参考书里的图表！**

以关键词的共通点（整合标准）为线索！

|  | 第一次世界大战 | 第二次世界大战 |
|---|---|---|
| 主要参战国 | 三国协约（英法俄）三国同盟（德奥意） | 反法西斯同盟（美英法苏中）轴心国（日德意） |
| 战争爆发的导火索 | 萨拉热窝事件 | 入侵波兰 |
| 签订条约 | 凡尔赛条约 | 旧金山和约 |

假设学习世界史的时候，你在"聚焦栏"里写下了"第一次世界大战后各国签订《凡尔赛条约》"。

那你首先要做的就是找出有相关记载的图表，再打乱图表里的信息。

一般情况下，大家都是根据记载在"整合栏"左上角的信息进行问题联想，从而串联起不同信息的。

而在利用图表填写"整合栏"的时候，则需要**基于关键词的"共通点（整合标准）"进行联想**。

如果图表中记录了第一次世界大战的主要参战国，你可做如下联想：第一次世界大战时有哪些国家参战了？

进一步应用这个方法，就能联想并记住没有记载在图表里的其他信息。

"一则信息对应一个联想"是不成立的，你可以接连联想，一次掌握多重信息。

关于图表，这里再说些题外话。

面向资格证考试的补习机构里设有"高级班"，我就在班上为学员讲解如何阅读图表。

这门课程大受好评，有些学员通过考试后，还告诉我"图表阅读法到现在依然很有用"！

我在高级班所讲解的图表阅读法，正是前文中填写"整合栏"的方法。

打散图表里的内容，重新整合——这一举措的**效果已经得到了证实**。

## 2.6 "一份付出两份收获"的学习法

### 统一记忆"关键词"与"说明文"

接下来为大家介绍在"整合栏"内填写"其他出题模式",以此串联信息的技巧。

这个时候,大家就需要运用**将知识一分为二的记忆方法**。掌握了这个方法,你就能以一份时间和精力记住双倍知识。

正应了**"事半功倍"**的说法!

先举一个具体的例子。

假设你正在学习世界史。学到美国历史的时候,你在习题集中发现了如下信息。

【问题】请在空白处填入正确内容。

问　1823 年,美国第五任总统 _____ 提出了 _____ 主义。

答　门罗　门罗

如果想记住这则信息，你该怎么做？要完整背下这道填空题吗？

硬背下整道题非常不划算。

不仅限于世界史，几乎所有的考试都不会完全按照教科书的形式出题。

学校里的定时测验有时确实会照着教科书里的叙述出填空题，但换到入学考试和资格证考试等大型正式考试里，题目或许会变成"什么是门罗主义"这样的简答题。

这就意味着，如果仅仅死记教科书里的内容，你会对一些问题束手无策。一份试卷包含**多种题型**，你必须从容应对任何题型。

为此，**在记忆阶段，大家要采用多种记忆形式。**

学到门罗主义，你就要连着"美国与欧洲应该互不干涉"等具体的内容解释一起记忆，以应对可能出现的说明题型。

你要在记忆笔记的"整合栏"里写上如下页所示的图文。

"整合栏"里有基于已有笔记，通过问题联想串联起的联想内容。

你要意识到其他出题模式的存在，在这个基础上加以联想。

如此一来，一则信息就具有了另一种记忆形式，你就能把**一则信息分成两种形式去记忆**。这个方法不仅对考试有效，对其他任何形式的学习都有效。

## 一次记两种形式的窍门

门罗倡导的外交战略是
**门罗主义**

关键词

如果遇到简答题？

门罗主义就是倡导美国与欧洲应互不干涉的思想

简答

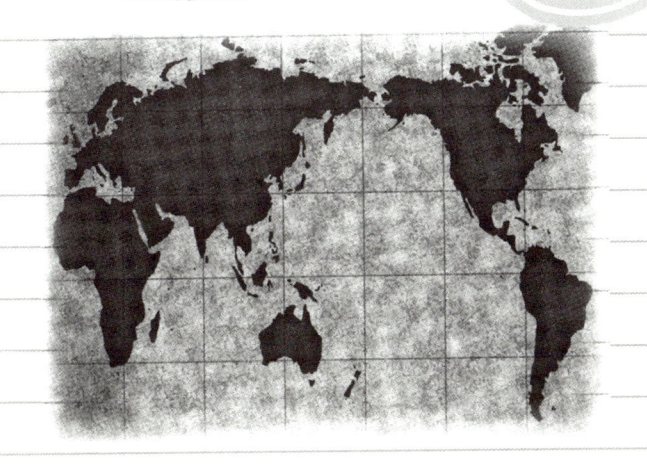

## 找到"出题模式",学习效率也会提升

大家学的是什么?

如果学的是世界史和日本史,任何人都能想到考试会出填空题和简答题。接下来,沿着这个思路串联起需要记忆的信息就可以了。

如果学的是其他内容,那么题型不一定只有填空和简答。会计、法律等不同领域的考试题型自然是不一样的。

重要的是,大家要**预判可能出现的题型,整理需要记忆的信息**。

任何考试都不可能只考一个题型。

说一个稍微有点门槛的话题。

以注册会计师考试为例。在讲述会计理论的"财务诸表论"范畴内出题时,题型是旨在考查计算能力的"记账题",这类题目通常要求考生写下记账方法。

基于此,在记忆笔记的"整合栏"内填写关于"财务诸表论"方面需要记住的理论信息时,你应该同时写上理论与相关的记账方法的草稿。

法律方面的考试则常考查法律条文与案例两大类。

除了直接提问法律条文外,还会出现通过具体案例考查条文知识的题型。基于此,在写记忆笔记的"整合栏"时,你应该把条文与具体案例结合起来。

在你学习的领域会考察什么样的题型？备考的第一步，就要从研究题型开始。

研究窍门在于比较若干信息，**查看同样的知识是否有不同的问法**。留意可能出现的题型，你就能有效整合、记忆知识。

对于忙碌的各位来说，时间最为宝贵。

**花一份精力记忆双重知识**的目的就在于此。

## 2.7 世界史、英语、法律,"整合"后就很好记

**熟能生巧!增加"记忆链"**

本章最后一节将给出几个具体的运用实例,大家可参照 70 页及之后的图例。

首先是世界史的示例。我在前文提到过"利奥十世",顺着"利奥十世"再往下,大家可做如下联想:

1. 利奥十世做过什么? → 兴建圣彼得大教堂
2. 圣彼得大教堂建于哪个时期? → 文艺复兴时期
3. 文艺复兴的基本思想是? → 人文主义
4. 文艺复兴时期的代表人物有? → 达·芬奇等

进行联想的时候,大家不必拘泥于单元的限制。学习了中世纪宗教改革的代表人物马丁·路德后,下意识地一路联想到达·芬奇,这样的联想路径就很好,毕竟考试不会只考眼前的

信息。

世界史不是能以联想串联起知识的唯一领域。

在工作中学习新知识时，我们同样能在提取、整理资料要点的过程中应用联想法。

当然，在资格证考试、法律学习方面，接龙式联想法也非常有用。

以学习公司法时，基于"董事任期"展开联想为例。

我们先在"整合栏"的左上方写上"董事任期"，随后开始联想游戏。如71页所示，联想的线索是："刚刚学到了董事的任期，说到任期，监事的任期又是多少年呢？"

学习英语的时候也可以利用"整合栏"，它将帮助我们加深记忆效果。

如72页的图例所示，大家可以用"整合栏"整理英语单词及惯用语，整合记忆。

不同于世界史、法律等社科门类，需要记忆的英语单词及惯用语最好写在"整合栏"的中央。这是因为语言本身就有很强的延伸性，进行联想的时候，可能上下左右、对角线等所有方向都会有可填写的内容。

同义词、反义词、近义词自不必说，大家还可以自由联想其他相关信息，如常用表达、例句等。

无论你在学什么，都要把信息串联起来。

串联信息，就能不断加深记忆！

## 联想法 ① 整合"世界史"

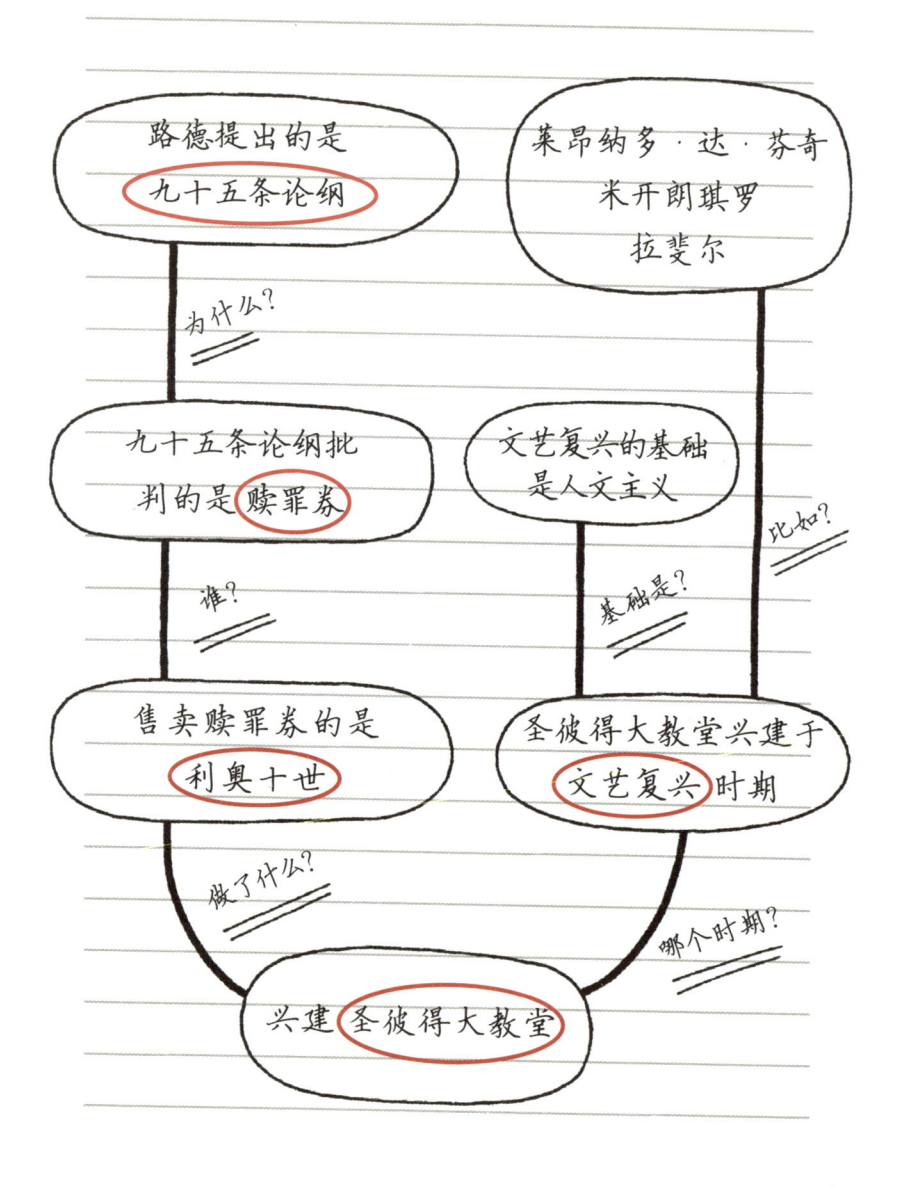

- 路德提出的是**九十五条论纲**
- 莱昂纳多·达·芬奇 米开朗琪罗 拉斐尔

（为什么？）

- 九十五条论纲批判的是**赎罪券**
- 文艺复兴的基础是人文主义

（谁？） （基础是？） （比如？）

- 售卖赎罪券的是**利奥十世**
- 圣彼得大教堂兴建于**文艺复兴**时期

（做了什么？） （哪个时期？）

- 兴建**圣彼得大教堂**

第2章 信息"整合"后易于记忆

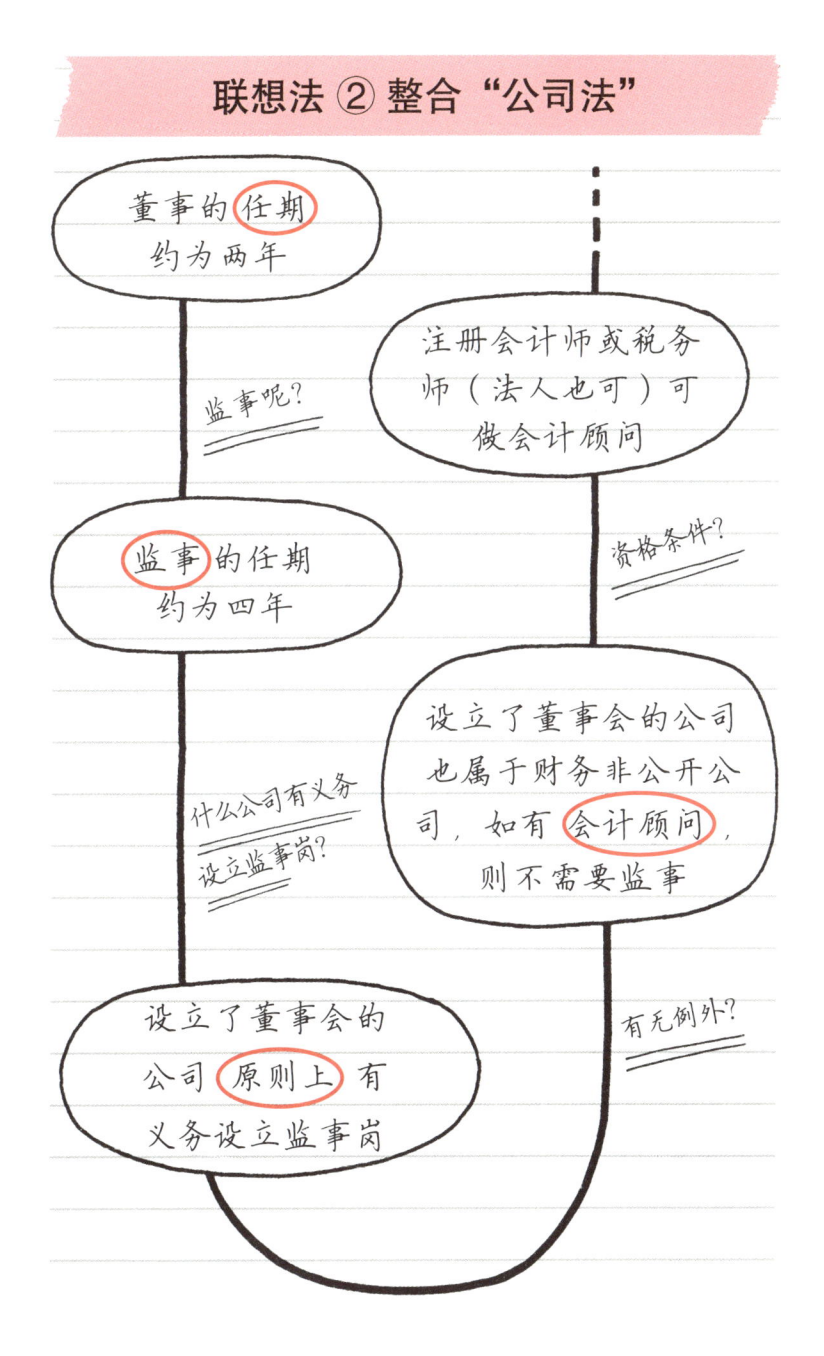

## 联想法 ② 整合"公司法"

- 董事的**任期**约为两年
  - 监事呢？
- **监事**的任期约为四年
  - 什么公司有义务设立监事岗？
- 设立了董事会的公司**原则上**有义务设立监事岗
  - 有无例外？
- 设立了董事会的公司也属于财务非公开公司，如有**会计顾问**，则不需要监事
  - 资格条件？
- 注册会计师或税务师（法人也可）可做会计顾问

## 联想法 ③ 整合"英语"

**反义词：**
- break 破坏（粉碎、打破的感觉）
- destroy 毁灭（覆灭的感觉）

**惯用语：**
- make sense 明白
- make sure 确认
- make room 腾出空间

**近义词：**
- build 建造
- create 创造
- form （使）形成

**make**
动词 制作，使……成为……

**同义词：**
- have
- get
- 使役动词 使……

**常用表达：**
- Haste makes waste. 欲速则不达。
- Can you make it? 你能行吗？

## 联想法 ④ 整合"会计学"

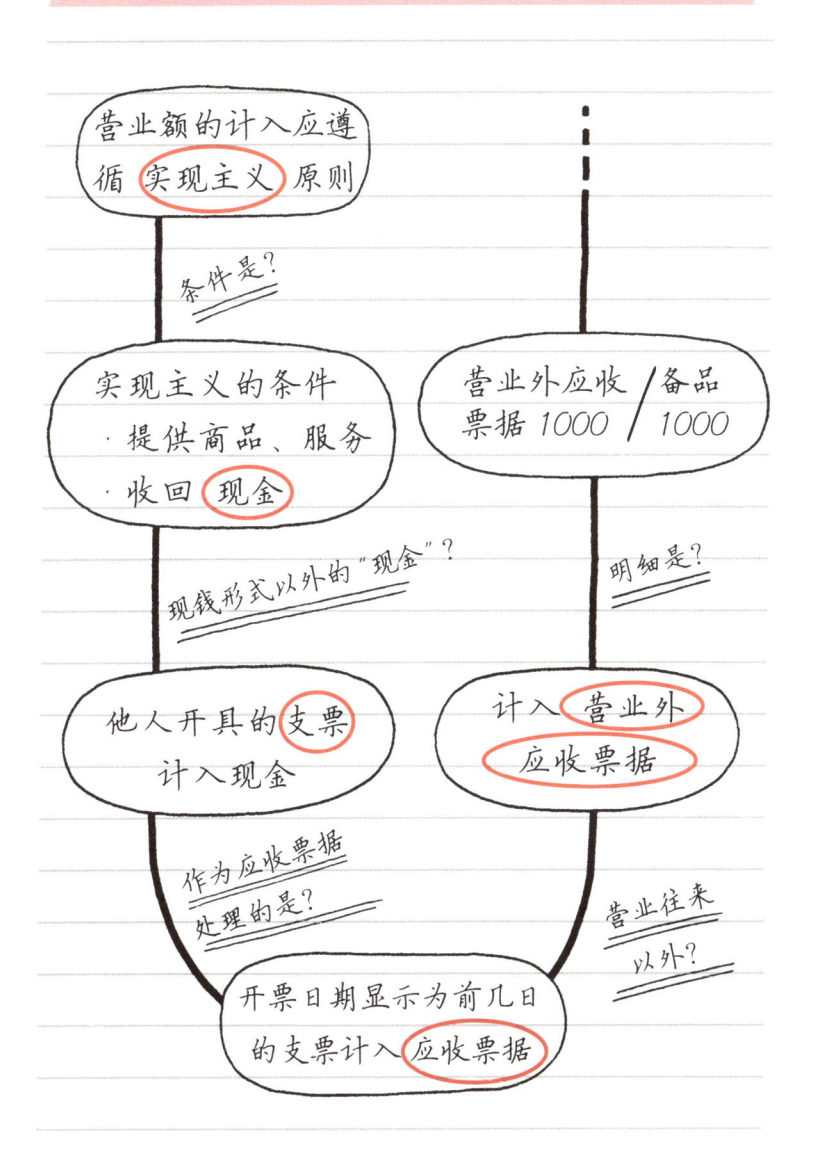

- 营业额的计入应遵循 **实现主义** 原则
  - 条件是？
- 实现主义的条件
  · 提供商品、服务
  · 收回 **现金**
  - 现钱形式以外的"现金"？
- 他人开具的 **支票** 计入现金
  - 作为应收票据处理的是？
- 开票日期显示为前几日的支票计入 **应收票据**

- 营业外应收票据 1000 / 备品 1000
  - 明细是？
- 计入 **营业外应收票据**
  - 营业往来以外？

# 第3章

## "图像化记忆"绝对经久不忘

## 3.1 "利用图像记忆"记得更牢

### "图像+图表",记忆效果显著

大家可以为需要记忆的信息创造视觉效果,进行"图像化记忆"。

接下来谈谈如何利用记忆笔记里的"记忆栏",加深记忆效果。

"记忆栏"是**用于最大限度地加深记忆的空间**。

"记忆栏"存在的目的,就是对"整合栏"里**需要记忆的重中之重做"视觉化"处理,把它们深深地刻在脑海里**。先来看下面这张图。

"记忆栏"有两种用法。

第一种是**利用图像记忆**。

此时会使用到"记忆栏"的上半部分空间。大家可把记忆的必需因素整理为三角形的图示,再加以记忆。

具体方法将在后文详述。

## 将记忆刻入脑海的两大窍门

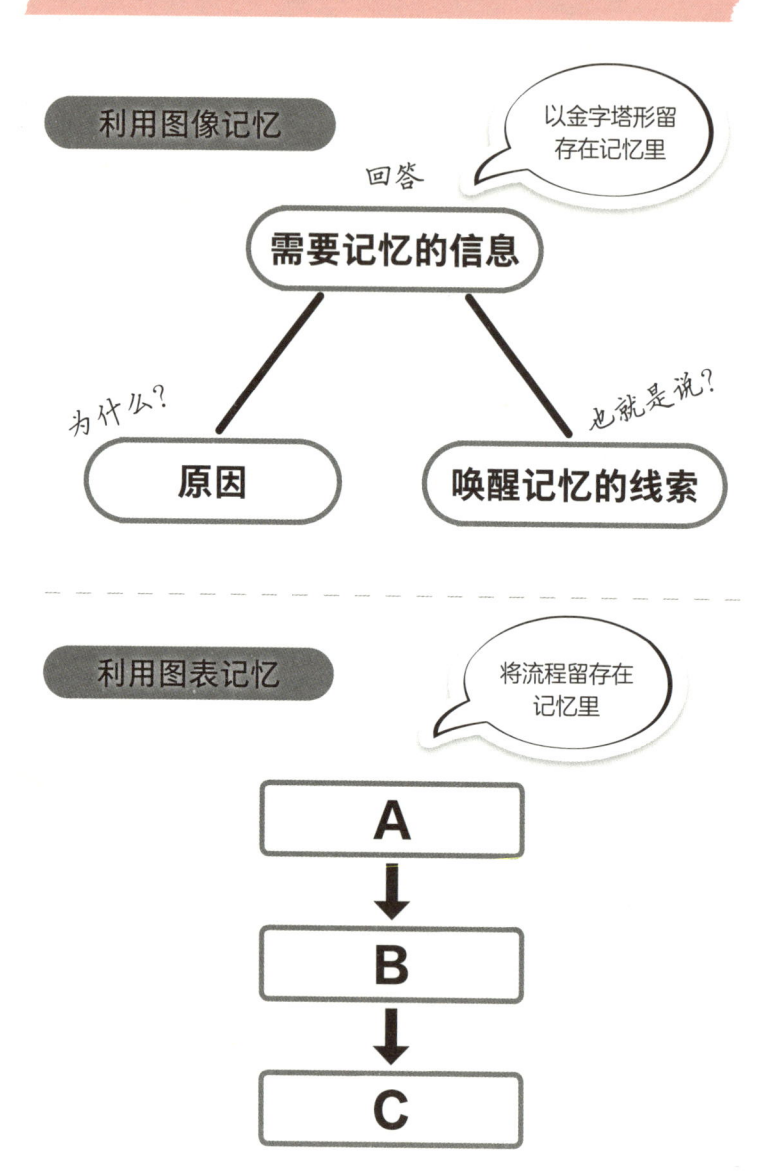

**利用图像记忆**

以金字塔形留存在记忆里

回答
需要记忆的信息

为什么？ 　　　　　　　也就是说？
原因　　　　　　唤醒记忆的线索

**利用图表记忆**

将流程留存在记忆里

A
↓
B
↓
C

第二种是**利用图表记忆**。

此时会使用到"记忆栏"的下半部分空间。大家可把难以填入三角形框架的长句等信息整理进流程示意表里,再加以记忆。

具体方法将在第 4 章详述。

接下来,我们一起来看"利用图像记忆"的具体方法吧!

## 3.2 "回答、为什么、也就是说"——三点记忆法

### 先让"三角形"印在脑海里

我们一起来看看"利用图像记忆"的方法。

想让图像更好记,就得让图像更鲜明。推荐大家把需要记忆的要素整理在"三角形框架"。

简单来说,就是**把需要记忆的信息(回答)、回答背后的原因(为什么)、唤醒记忆的线索(也就是说)填入三角形框架**,打造短期即可牢记的基础技能。

1. 从"整合栏"里提取出需要加强记忆的信息,写进"回答"里。
2. 把"回答"背后的原因写进"为什么"一栏。
3. 把引出"回答"的线索写进"也就是说"一栏。

我在前文已经提过,"孤立的知识往往容易遗忘",这就是

除了"回答"之外，**更要同时记忆"原因"与"线索"**的理由。

那些马上就能回忆起来的知识没什么可说的，大家要知道，还有一些不易记的信息，必须依靠"线索"才能回忆起来。

比如学生时代的友人姓名。当你怎么都想不起来的时候，如果告诉你名字里的第一个字，或许就能回想起来。比如，得知第一个字是"山"后，你就会想："山、山……想起来了，是山下！"那么，"山"就是唤醒这段记忆的线索。

"利用图像记忆"的目的，就是除了记住需要记忆的信息，同时也能记住"原因"与"唤醒记忆的线索"。

哪怕一时想不起某一则重要信息，只要记住了有关这则信息的线索，**就能想起信息本身的内容**，如果记住了信息背后的"原因"，**记忆就会愈加牢固**。

## 连同"记忆线索"一起记忆

再来看三角形框架的具体填写方法。

首先，大家要**画出"三角框架图"**，用于填写"回答、为什么、也就是说"。**在图形上部填入"回答"，左下角填入"为什么"，右下角填入"也就是说"**。使用"记忆栏"复习知识的时候，这种分配方式会起到重要作用，请大家按照我所说的顺序依次填写。

下面一起来看看具体例子。

假设现在需要记忆的是世界史的相关知识，我们从"整合栏"里挑出如下信息。

需要记忆的信息：亚罗号事件是第二次鸦片战争的导火索。

用三角形框架整理这则信息的操作顺序：

1. 从"整合栏"里挑出需要记忆的信息，誊写到"回答"一栏。
2. 在"为什么"一栏里填写"亚罗号事件中，英法的所作所为成为导火索"。
3. 在"也就是说"一栏里填写线索"亚二鸦"。
（"亚二鸦"取亚罗号事件的"亚"字，第二次鸦片战争的"二""鸦"两字，联结而成。参考99页提取首字母的方法。）

以上是最基础的整理方法。

接下来我们再重点细看"回答""为什么""也就是说"的每一栏，学习了解每一栏的填写方法。记住了"也就是说"里的内容，就能回想起重要的"回答"，为此我将着重阐述"也就是说"一栏的填写方法。

曾经我和大家一样，只专注于记忆"回答"，结果怎么记都记不住。大家需要有"**整合并记忆促进记忆的要素**"的意识。

## 以三角结构深化记忆!

整理记忆要素,
统一记忆!

需要记忆的信息

回答

亚罗号事件是第二次鸦片战争的导火索

为什么?

亚罗号事件中,英法的所作所为成为导火索

也就是说?

亚二鸦

回答背后的原因

唤醒记忆的线索

## 3.3 "可回溯"是记忆的恒定规则

### "预见输出的输入"十分重要

接下来是"回答"一栏的填写方法。在此之前,我想先讲一下重点。

大家在记忆的时候,会重点关注什么?

大多数人的关注点都是"如何高效记忆"。

大家只看重信息"输入"的心态可以理解,但真正重要的,其实是能否在需要的时候使用业已输入的信息。无法"输出"的信息没有任何意义。希望大家能意识到,进行记忆时**以可回溯为标的,"预见输出的输入"极为重要**。

"可回溯的记忆",是我对学生提出的要求之一。

我清楚地记得,那些通过考试的学生曾经告诉我,"可回溯"的记忆要求让他们感到茅塞顿开。

输入信息的目的是输出信息、运用信息,这一点不言而喻。然而事实上,未能意识到"不言而喻之事"的人也多得出乎意料。所以，请大家清楚意识到这一点。

之所以说这些，是因为在"回答"的写法上多下心思，就能实现"预见输出的输入"。

填写"回答"一栏时，大家要做的不是誊写"整合栏"里的信息，而是**把关键词写到"回答"栏里**。

举个实际的例子。

假设学习世界史时，你需要记住"售卖赎罪券的是利奥十世"这样一则信息。

在"整合栏"里摘选出这则信息后，为了记忆，你需要在"回答"一栏里填写关键词，此时，你就可以只写"利奥十世"。

你还可以用**同一个编号命名"整合栏"与"记忆栏"的三角框架**，之后复习回顾的时候就很方便。

具体做法是，在"整合栏"里以"主语＋谓语"形式填写的内容后面标记"（1）"，在"记忆栏"的"回答"处同样写上"（1）"。加上编号以后，即便看到关键词回想不起相关信息，也能快速找到原信息。

如 80 页的步骤 1 所示，处于基础阶段时，大家要做的是把"整合栏"里需要进一步记忆的信息写进"回答"栏，尚未熟练掌握"回答"栏的填写方法时，可以先以"主语＋谓语"的形式写入信息。

当需要记忆的信息中有多次接触过的"熟悉信息"时，大家可以仅把关键词填入"回答"中。

## 以"可回溯"为目的进行记忆！

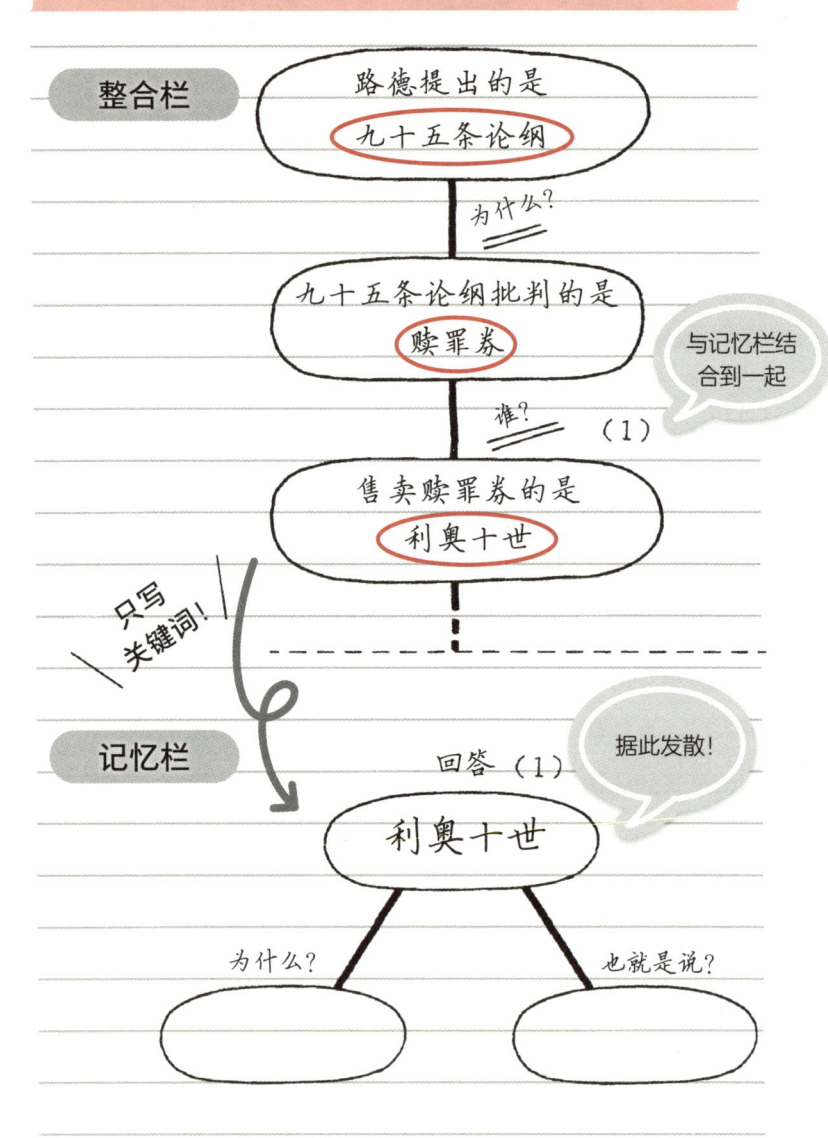

**整合栏**

- 路德提出的是 **九十五条论纲**
  - 为什么？
- 九十五条论纲批判的是 **赎罪券**　（与记忆栏结合到一起）
  - 谁？ （1）
- 售卖赎罪券的是 **利奥十世**

只写关键词！

**记忆栏**

回答（1）　据此发散！

- 利奥十世
  - 为什么？
  - 也就是说？

## "自己给自己解说"的大脑整理法

如果"回答"里只写了关键词,回头复习的时候,大家就要**看着"回答"里的关键词,思考关键词延伸出的信息是什么**。这个过程就是"回忆训练"。

看到"利奥十世",能想起"利奥十世是售卖赎罪券的人"就算不错了,如果还能进一步回想起"利奥十世是路德的九十五条论纲批判的对象",那就无可挑剔了。

达成这一步的关键在于"**自己给自己解说**"。看到关键词的时候,大家要在大脑里思索关键词意味着什么,给自己做解说时,还要想想应该侧重哪一点。

记忆的诀窍就是"自己给自己解说",即自我演讲。理解之后才能做解说,在动脑理解信息的过程中,知识会自然而然地得到整理,信息会深深地印刻在记忆中。

此外,**解说时说出声音**也非常有效。说出声音后,我们就能用耳朵接收信息,对信息的印象会更加深刻。其实,我从前备考的时候就常常在自己的房间里念念叨叨。这招非常有用,大家可以尝试一下。

## 3.4 "编成故事"记得牢

### "希望、光、回声",了解名字由来后产生的效果

　　记"回答"的时候之所以要同时记"原因",是因为记住了"原因",重要的"回答"就不容易遗忘。

　　进一步说,**如果记住了知识背景中的"原因",我们就能回想起"回答"!** 这就是要在"为什么"栏里填写原因的依据。

　　以"东海道新干线"的相关知识为例。大家都知道,东海道新干线是连接东京与大阪的交通动脉,线路上运行着三趟车:"希望号""光号""回声号"。三者中速度最快的是"希望号",两个半小时即可跑完东京与大阪之间的单程路线。速度次之的是"光号",最慢的是"回声号"。

　　不少人都知道,三列车的名字其实各有讲究。最先投入使用的"回声号"运行速度远远超过普通电车,当时人们觉得它"像音速一样快",就将其命名为"回声号"。

　　随后又出现了"光号",它的速度比"回声号"更快,人们

想"比音速更快的是光速",于是把它命名为"光号"。进入平成时代,"希望号"又闪亮登场,人们认为"没有什么东西的速度能超过光速了,如果有,应该就是'希望'了",于是把这列车命名为"希望号"。

说回正题,如果你问不怎么了解东海道新干线的人,"希望号""光号""回声号"哪个最快,他们大概回答不出来。

但是如果他们还隐约记得刚才所述的起名缘由的话,情况是不是会有所不同?只要回忆起三列车名字的由来,自然就会给出答案。**事关"原因"的信息就是"回答"的依据。**

## "为什么?"——思考原因就不会忘记?

"原因"是"回答"的依据,接下来,我们一起看看如何找出填入"为什么"栏里的内容。具体来说,分为两个步骤。

1. 原因已知的情况下,直接把原因填入"为什么"栏里。
2. 原因不明的情况下,自定原因,填入"为什么"栏里。

考试有时也会考查"回答"背后的"原因"。记忆"原因"本身就是一种重要的学习行为。步骤1要求把已知的原因填入"为什么"栏里的目的就在于此。

在找不到合理原因的情况下，寻找已经没有任何意义。如步骤2所示，此时就要**自己思考能够让自己接受的原因**，记忆"自定原因"。

举个例子，假设大家现在需要记住"京都的冬天比东京寒冷"这则信息，接下来就要思考使这个结论成立的原因在哪里。即便教科书里没有写明原因，只要能想到"京都是盆地地形"，就可以把它当作自定原因记下来。

多数情况下，能让我们接受的原因都不会有错，因为能接受就意味着逻辑上可行。

执着寻求正确无误的原因是不可取的。翻开课本、参考书后，如果不能迅速找到原因，更好的办法是想一个"自定原因"加以记忆。毕竟"回答"才是最重要的，在寻找原因上花费不必要的时间并不划算。

## 会学的人，知道该在哪些地方偷懒

具体表现之一就是在不知道原因的时候，让自己接受自己想出的原因。

这是积极意义上的偷懒，你也可以像这样偷懒。我们不必要求任何事情都尽善尽美，这么一想，是不是就没有负罪感了呢？

## 3.5 "具体到极限"后再记忆

**记忆力强的人也很难记住"抽象的信息"**

接下来谈谈如何填写"也就是说"一栏。"也就是说"里要填"唤醒记忆的线索",那么到底应该怎么写呢?

首先为大家介绍**在"也就是说"里填写具体信息**的技巧。

信息可分为具体及抽象两类,不好记的是抽象信息。比如,大家都知道圣彼得大教堂始建于文艺复兴时期,而对于什么是"文艺复兴"这个问题,则很少有人能给出透彻清晰的解释。

抽象信息不好记,**具体信息记起来则容易许多**。两者间的差异在于能否具象化。"文艺复兴时期"难以令人产生具体想象,一时记住了也会很快遗忘。

这时,就需要**在"也就是说"栏里填入具体信息的技能**,操作步骤非常简单。

1. 在"整合栏"里寻找需要记忆的信息。

2. 若为抽象信息，则在"也就是说"里填写具体信息。

相比让人摸不着头脑的信息，具体信息更容易被大脑接纳，也更令人印象深刻。**记忆时变抽象为具体**，有助于加深记忆。

如果要在"也就是说"里填写文艺复兴时期的特征，如93页所示，大家可以写下具体内容，如"米开朗琪罗、莱昂纳多·达·芬奇的时代"。

照这样记下来之后，如果在考试中遇到"圣彼得大教堂建于什么时期"的问题，即便你忘记了答案，也能从"米开朗琪罗和达·芬奇"的信息中回忆起圣彼得大教堂兴建的时期。具体的信息不止有助于记忆，还能成为"唤醒记忆的线索"。

## 把"文艺复兴时期"与"达·芬奇"联系起来

接下来为大家介绍将抽象信息转换为具体信息的方法。

请大家先记住，既然要转换为具体信息，就要**具体到极限**，尽可能**转换为自己熟悉的日常信息**。

司法考试出的题都很抽象，因此在备考时，变抽象为具体后加以记忆的方法效力超群。

比如，公司法里提到，"董事的任期约为两年"，基于这则信息，又可以发散到"监事的任期约为四年"。假设我们现在要记的就是"监事的任期"。

我们需要在"也就是说"里填入具体到无可指摘的内容。

## 画图体现信息，记忆更简单！

回答

圣彼得大教堂兴建于文艺复兴时期

为什么？

也就是说？

米开朗琪罗
莱昂纳多·达·芬奇

---

回答

监事的任期约为四年

为什么？

也就是说？

加藤的辛苦程度是石田的两倍

我有个朋友，他和伙伴共同经营一家公司。公司董事是石田，监事是加藤，两人都是我在准备司法考试时认识的司考伙伴。现在，我就用这段故事，把需要记住的信息转换成具体的日常信息。

我会在"也就是说"里写"加藤的辛苦程度是石田的两倍"，而不是"监事的任期是董事的两倍"，这样一来，我记忆的信息就更加具体，更贴近生活。

除了具体化之外，**把抽象信息转换成日常化的信息，这样一来更容易想象。**

转换成日常信息后，我回忆起加藤，就能想到他工作起来比石田更拼的样子。

"可视化"是记忆的重大原则之一，采用这种方法会使记忆更为简单。

## 3.6 "分毫不差"的记忆法

### 记内容前先记"量"

我们继续学习"也就是说"栏的填写方法。在此之前,还是先了解一下重点所在。

**信息有好几条,缺一不可,偏偏还是漏了一条。**

这是大家在工作、考试场合常犯的典型错误。

我在第1章里说过,大脑不擅长同时记忆若干信息。需要记忆的信息越多,就越会出现这样的典型错误。

这种"输入完毕,却不能完整输出"的错误实在是令人遗憾。明明努力了,却没有得到应有的结果,任何人都会不甘心。

不过,既然错误有"固定模式",我们就能依此找出应对方法。如果犯错的关键从一开始就清晰可见,那么找出应对方法自然不是难事。

为预防自己犯下"遗忘了一条"的错误,大家在记忆阶段就要采取措施。**记忆内容之前,请大家先记住内容的数量。**

我再具体解释一下。

**记忆能够分条阐述的信息**,是需要记忆数量的典型情况。采用会计基准的条件就是其中一例。当我们记忆"满足 ABCD 四项条件,则可计入销售额"时,ABCD 就是必记的内容。

一般大家都会这么记:条件 A 是什么,B 是什么,C 是什么,D 是什么。等到回想起来的时候,可能就会漏掉最后一条。

解决出现遗漏的方法就是先记数量。开始记忆内容之前,我们要先记住"条件总共有四个"。记住后,如果只回想起三条,我们就能马上意识到"还有一条",避免犯下"遗漏了一条"的错误。

这种记忆方法在备战司法考试和注册会计师考试时都能起到一定作用。"数量"能帮助我们完整记下所有"条件"。记忆"数量"既简单又便于实践,推荐大家尝试一下。

回到"也就是说"一栏的话题上来。

**请大家谨记,"也就是说"里要写上信息的条数!**

写记忆笔记的要点就是内容要尽可能写得简洁。因此,在"也就是说"栏里记录信息条数的时候,简单写上"三条""两条"之类的文字也是可行的。

但需要注意的是,我们在制作笔记的时候,应该事先想好怎么写才能方便之后的复习。因为在写完笔记内容后,反复咀嚼信息的"复习"行为才是关键。

在"也就是说"栏里填入信息数量时,建议大家**采用"主**

语+谓语"的写法，把数量写在谓语部分。以会计的适用条件为例，建议大家填入"销售额的计入条件有四条"，不要仅仅只写"四条"。这样复习起来会更简单一些。

复习就是**看三角框架右下角的"也就是说"栏，回忆对应的答案**。具体来说就是看到"销售额的计入条件有四条"后，回忆具体是哪四条。

这个行为就是"记忆训练"。大家制作笔记时应多考虑是否便于日后复习。笔记不是拿来制作的，而是拿来利用的。

## 3.7 词汇"记得越短越好"

**缩略后记忆，节省时间与精力**

本章最后一节将为大家讲述常用的"也就是说"栏的填写方法。

在此之前，请大家先看看这样一个显而易见的问题。

以下两者中，哪一个更好记？

文本 1 ⎰ 英国
      ⎨    or
      ⎱ 大不列颠及北爱尔兰联合王国

文本 2 ⎰ JT
      ⎨    or
      ⎱ 日本烟草产业股份公司

文本 1 中，"大不列颠及北爱尔兰联合王国"是"英国"的正式名称，相信绝大多数人记得的都是"英国"。日本烟草产业股份公司是一家无人不知的大型公司，生产烟草及加工食品。尽管人们都知道这个公司名称，但真正记下来的恐怕还是"JT"这个称呼。

这些事实都说明，"**缩略后的信息更容易记忆**"。学校给学生上课时，教的是"英国"，不是"大不列颠及北爱尔兰联合王国"，就是因为相比正式名称，简短的"英国"更容易被大脑接受。

在此，给大家提一个建议。

**需要记住某则信息时，先大胆"缩略"该信息。**对信息进行加工，可以大大降低记忆难度。

缩略后再记忆，除了使信息更好记之外，还会带来另一个巨大的好处。

那就是"**节省时间**"。过去备考时了解到这种记忆方法后，我的学习速度有了飞速提升。缩略信息后加以记忆的方法，不仅减少了需要记忆的信息量，同时还大幅缩短了用于记忆的时间。

## "JT"——提取首字母即可

简短的信息更好记！仅仅知道这一点还不够，缩略信息才是关键。

我们可以从"日本烟草产业股份公司（JT）"的例子里获得提示。"JT"是日本（Japan）中的 J 和烟草（Tobacco）中的 T

结合而成的简称,提取过程一点都不复杂,只需**提取构成信息的各个词汇的首字(母)并合并**。

"JT"的记忆便捷性还体现在"发音"上。"JT"仅有两个音节,韵律简洁,便于记忆。

以此展开思考,就能得出如下操作顺序。

1. 提取"回答"里各个词汇的首字(母)。
2. 把首字(母)连到一起后形成的内容写到"也就是说"栏里。

来看个具体的例子。假设学世界史时需要记住"特洛伊遗址的发现者是施里曼",我们就可以从"特洛伊遗址的发现者"中提取出"特",再从"施里曼"中提取出"施",然后把它们连接到一起。这样一来,缩略之后的信息就是"特施",我们再把它填到"也就是说"栏里。

同理,如果需要记忆"九十五条论纲的目的是批判赎罪券",这则信息就可以缩略为"九赎"。我们可以把"九赎"填入"也就是说"栏,加以记忆。

请大家记住,记忆信息时要多动嘴,**借助声音的力量**。动嘴读出声音,如此一来,耳朵就能听取说出口的信息,除了眼睛之外,嘴巴与耳朵也会成为吸收信息的渠道。

像这样记忆"也就是说"栏里的信息,就能轻松回忆起

"回答"。开启回忆的时候,大家可在脑内做如下联想:

特施:特……是施……

九赎:九……是赎……

知道了开头的一个字,顺势回想后续的内容就不会很难了。总而言之,大家需要连接首字(母),记忆缩略之后的信息。如此一来,即使一时间回忆短路了,也能在首字(母)的提示下成功回想起本已记住的信息。

这个方法还有一个优点,就是**适用范围广**。不知道"也就是说"栏里该写些什么的时候,你就可以使用这个方法,用"JT"的缩略方式,填写缩略后的信息。只要大家养成这个习惯,就掌握了快速填写记忆栏的技巧。

是不是很简单呢?记忆法的窍门,其实就藏在"JT"这样生活化的信息里。

对记忆法的认知到不了这个程度,你的能力就远远不够。大家要多多研究记忆法,不断产出自己的成果。

# 第4章

## 转换成"图表"后，文章也能快速记住

## 4.1 如何制造"易记住的难忘记忆"

### "图解"的记忆效果远超"文章"

本章阐述"记忆栏"的另一种打造方式,就是"**用图表记忆**"。

这个图表会占用"记忆栏"的下半部分空间。用图表记忆的目的是让我们**完整记下篇幅较长的文章等难以记住的信息**,大家务必掌握这种方法。

讲述图表的填写方法之前,我想先说一下记忆的特点。了解了记忆的特点,才能丰富图表的填写方法。

对我们来说,"**易记住的难忘记忆**"是什么样的?

一般来说,这样的记忆分为以下三类:

1. 有故事情节的记忆(小说及电影内容等)。
2. 源自实际经历的记忆(几年前的旅行,高中毕业典礼等)。

3. 带来感情冲击的记忆（被人求婚等）。

三者中，最让人百思不得其解的大概就是第三种记忆了。

比如，被喜欢的人告白而开心不已的那段记忆，就比寻常的记忆更加细致。令人讶异的是，对于这样的经历，我们除了重头戏之外，甚至还同时记下了其他一些琐碎的细节，比如对方在告白当天穿着什么颜色的衣服，这些意料之外的视点往往令人难忘。

归根结底，当人们受到强烈的情感冲击时，当时发生的事情就会深深地留存在记忆之中。

之所以要说这些，是**希望大家把"易记住的难忘记忆"所具备的性质，活用到学习过程中去**。

一时间记不住的复杂内容，想办法变成"易记住的难忘记忆"就可以了。

**比起文字信息，视觉信息的记忆难度要低得多**——这是无可辩驳的事实。

路牌以图形标记而非文字显示"单行道""禁止通行"等信息，就是出于这个原因。

对于可以转换成"易记住的难忘记忆"的信息，如果我们把它加工为视觉信息，在记忆时就会如鱼得水，从此不惧任何难关。

"易记住的难忘记忆"将因此进一步深化。

## 图表——对文章进行"视觉化加工"的方法

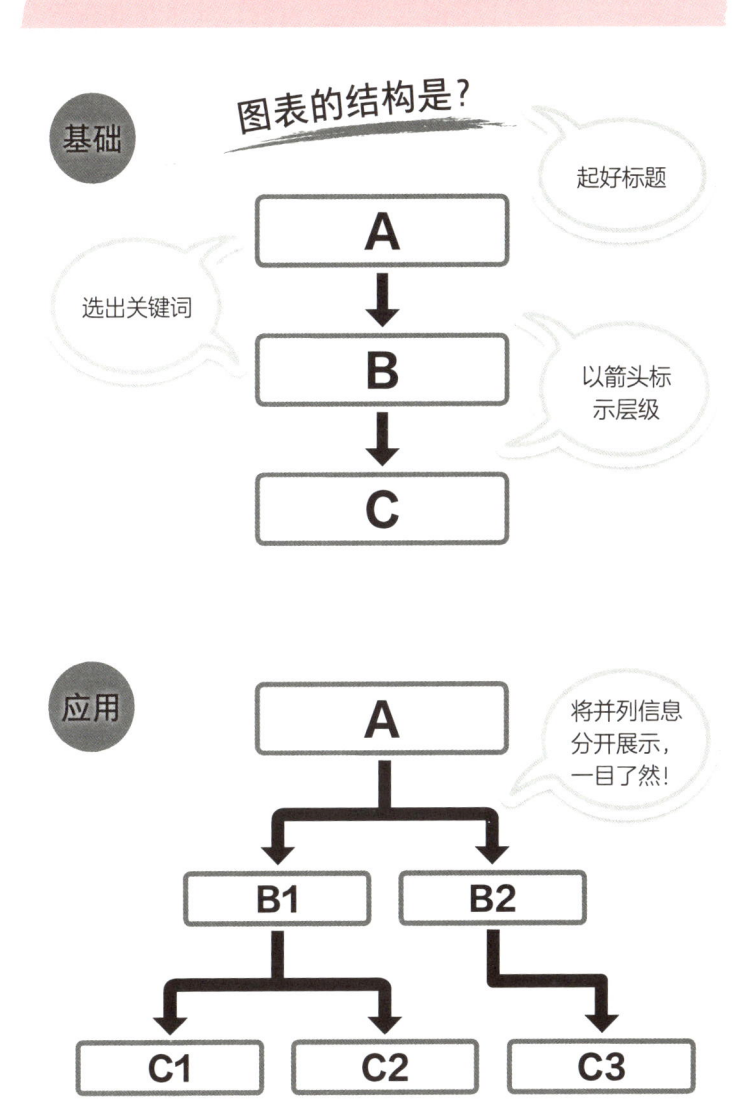

**基础** 图表的结构是？

起好标题

A
↓
B
↓
C

选出关键词

以箭头标示层级

**应用**

A
├→ B1
└→ B2

B1 ├→ C1
   └→ C2
B2 →  C3

将并列信息分开展示，一目了然！

对信息进行视觉化加工的方法就是**"图表化"**。

把文字信息填入图表内，就能以图像的形式记忆信息。

关键在于，我们是否能把"易记住的难忘记忆"填入图表之中——前文所述的三类难忘记忆当中，第一类无疑是可行的。我们先来探讨故事信息的图表化。

## 4.2 有了"图表","演示内容"也更加直观

**首先抓住"故事梗概"**

我想先问个有些突兀的问题,大家听说过"日章丸事件"吗?

1951年,英国对伊朗宣布的石油国有化政策表示反对,声称会派军舰去中东,打击从伊朗购买石油的外国船只。两国间的矛盾不断加深(阿巴丹危机)。

出光兴产公司[①]的出光佐三对英国的言论不以为意,依然决定从伊朗购买石油。做出这一决定虽然有出光自身的考量,却也显示出对少数国家及企业垄断石油权益的质疑。

出光兴产派出的运输船就是"日章丸"号,它巧妙地突破了英国海军的包围网,成功装载上伊朗的石油,安全运回了日本。

此事后来引发了些许国际纠纷,但不可否认的是,这一事件挑战了石油巨头,迈出了探索国际石油自由贸易的一步,这

---

① 出光兴产公司是日本大型石油公司,由出光佐三于1940年创立。——编者注

就是"日章丸事件"。

我想再次强调这样一个事实：**有故事背景的信息更容易记住，更难以遗忘**。与其单纯记忆"日章丸事件是出光兴产购买伊朗石油时发生的事件"，不如沿着上述故事的"脉络"加以记忆，如此一来大脑接收信息时会更自然，遗忘的可能性也会大大降低。

相信大家也有类似的经历。在世界史课堂上学到的"刘备、曹操、孙权"，总是不如读小说《三国志》时留下的印象来得鲜明。

像这样，要想把故事对记忆的作用发挥到最大，就要把文字信息变成图表。加工信息时的重点就是，**在不破坏"脉络"的情况下选出要点**。

## 利用图表记忆，"写作能力"也会跨越式提升

接下来，我们就实际操作看看。

实际操作时，需要占用"记忆栏"下方"利用图表记忆"的全部空间。

在"利用图表记忆"一栏内，我们要**以图表形式填入故事的"脉络"**。具体步骤如下：

1. 写下图表的标题。
2. 选出关键词。

## 长文也能用图表整理，一目了然！

1951年，英国对伊朗宣布的石油国有化政策表示反对，声称会派军舰去中东，打击从伊朗购买石油的外国船只。两国间的矛盾不断加深（阿巴丹危机）……

（标题） →概括→

"日章丸事件"梗概

```
1951年
伊朗实行石油国有化
        ↓
英伊矛盾激化         ← 关键词
（阿巴丹危机）
        ↓
出光佐三将            ← 脉络
"日章丸"号派去伊朗
```

3.用下箭头标记连接各部分，呈现故事"脉络"。

以"日章丸事件"为例，我们可制作出前页所示的图表。

制作图表时，如果选用的信息来自"整合栏"，大家可把图表放在"整合栏"的前一页。

如果填入图表的信息是从书本上看到的，"整合栏"里没有，这时该写在哪一页上呢？建议大家在笔记里找内容相近的一页，在那一页制作图表。

利用图表记忆的方法**在需要完整记下整篇文章时尤为有效**。

比如工作中需要记住方案陈述的所有内容时，这种方法就能起到很大作用。

考试也不会只出填空题和选择题，遇到简答题和论文题时，我们只有完整记下了长段文章，才能应对这类题型。图表在这种情况下也能发挥作用。

其实，我曾经很不擅长回答需要论述的题型。这种题型要求答题人事先记忆大量内容，这对我来说难度太大。

然而当我掌握了利用图表记忆完整信息的技巧后，情况就截然不同了。需要写大段论述的题型反而成了我与他人拉开分差的利器。

大多数人都不擅长记忆长文。使用图表，总结要点，只要做到这两步，我们就能轻松记住大量信息。

## 4.3　巧用标记"∵""∴""⇕"

### 用"·"标示并列信息

换成图表形式后，信息记起来会更容易。这一点就说到这里，接下来大家可能又会产生新的疑问：不是所有信息都有故事情节。像"A 即 B"这样叙述单一的信息，不就没法转换成图表形式吗？

无须担心，即便是"A 即 B"式的**单一论述，也可以转换成图表形式**。

举个例子，假设我们现在需要记住 115 页有关织田信长的全部信息。

这些信息采用了"A 即 B1、B2、B3"的结构，形式单一，没有循序渐进的"脉络"。

【需要记住的信息】

织田信长颁布的代表性政策包括废除关所、乐市乐座、推进南蛮贸易。

记忆这则信息时，我们可以把它转换成如 97 页所示的图表。

图表突出了信息的视觉效果，比起单纯记忆文字信息要简单得多。我们不仅能记住图表的框架结构，还能回想起"信长的政策有三点"，加强记忆效果。

我再补充一点，**如果信息呈并列关系，在各并列项的开头加上"·"**，会更加有助于理解。

连接信息时，除了使用"↓"的标记之外，对于分条陈述的并列信息，我们可以在图表里添加"·"，分条填写内容。

明确了"·"表示的意义，我们在回想内容时就能马上得知"B1、B2、B3 是并列信息"。

## 使用标记，"原因""结论""转折"关系一目了然

画在"记忆栏"里的图表，基本都是用"↓"连接各种方框。

制作图表的时候，我们还可以多使用其他标记，这样图表的应用范围会更加广阔。

图表的制作基本遵循"挑选关键词，用'↓'连接各部分，并列信息前加'·'"这三条规则，如果再多花点儿心思，图表将发挥出更大的作用。

## 并列信息也能明确展示！

织田信长的代表性政策
废除关所、乐市乐座、推进南蛮贸易

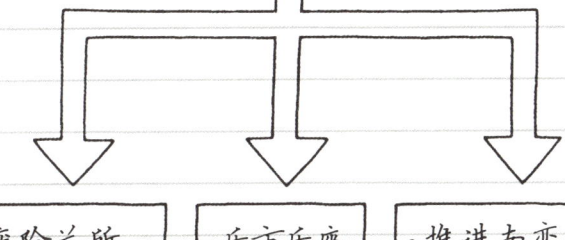

⬇ 图表化

```
┌──────────────────────┐
│    织田信长的政策    │
└──────────────────────┘
     ↙       ↓       ↘
┌────────┐┌────────┐┌──────────────┐
│•废除关所││•乐市乐座││•推进南蛮贸易 │
└────────┘└────────┘└──────────────┘
```

遇到并列信息，使用"•"标记，一目了然！

## 使用标记，简化信息！

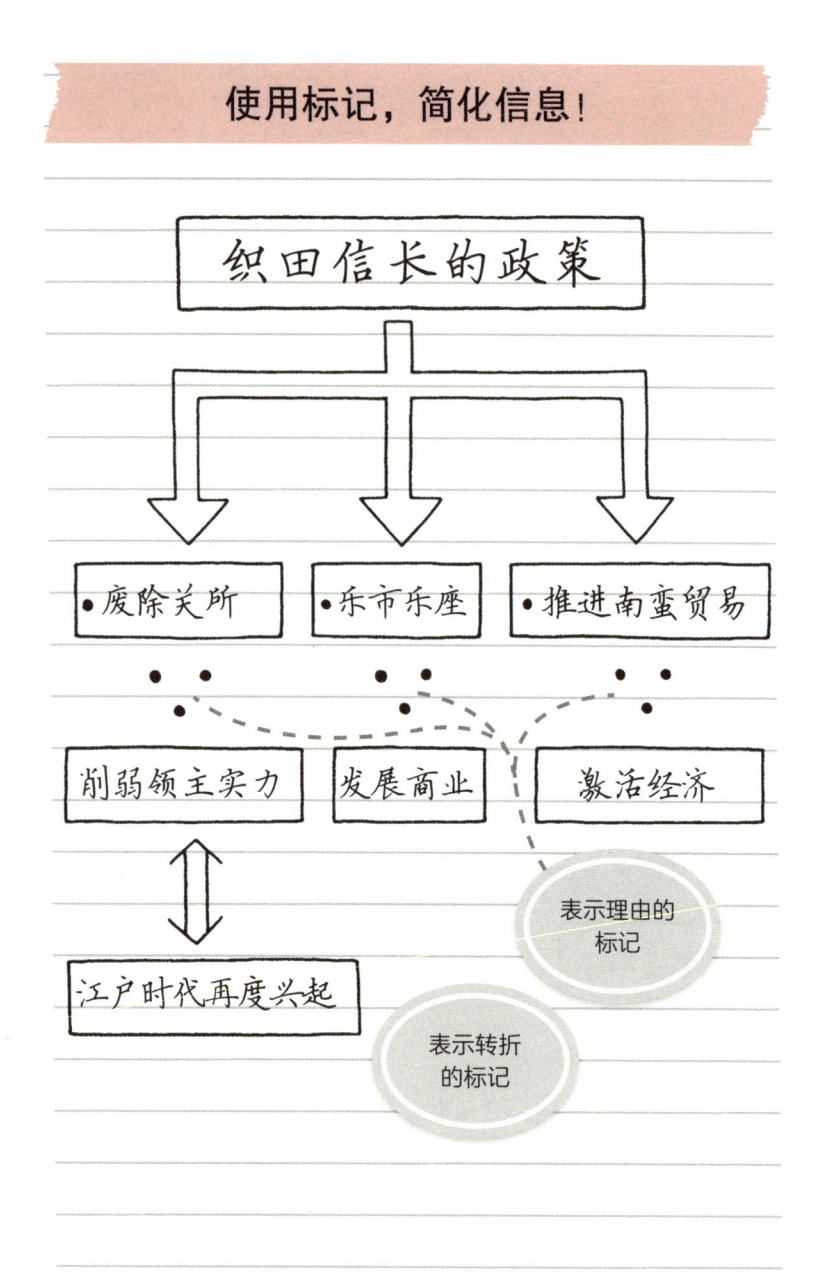

```
        织田信长的政策
     ↓         ↓         ↓
 •废除关所   •乐市乐座   •推进南蛮贸易
   ┊         ┊           ┊
 削弱领主实力  发展商业    激活经济
     ↕
 江户时代再度兴起
```

表示理由的标记

表示转折的标记

请大家看前页的图示。

多花的心思，就是预先思考"脉络"铺陈开来的时候需要使用什么标记。

- 用"∵"表示理由
- 用"∴"表示结论
- 用"⇕"表示转折

## 4.4 变"错误"为体验记忆

### 利用"亲身经历永不会忘"进行记忆

并不是只有故事才能以图表形式做视觉化处理,我们同样可以将"亲身经历"以图表形式呈现,突出其视觉化特点,然后再加以记忆。

面对工作、考试,我们运用的都是能够维持一段时期的"长期记忆",其大致可分为两类。

第一类是**意义记忆,**单纯记忆知识,比如"古希腊最早的文学作品是《伊利亚特》和《奥德赛》"。考试考查的基本上都是这一类记忆。

第二类是**体验记忆,它来自我们的亲身经历,**比如"公司迎新派对上喝的酒是三十年的'百龄坛'"这种记忆的特性在于"源自亲身经历",性质不同于从书本上得来的知识,即意义记忆。

那么两者中的哪一种保持的时间更长呢?

答案毫无疑问，是体验记忆。拼命学习，努力背下来的意义记忆几个月后就会忘得一干二净，而亲身经历过的事情，哪怕时间久远，也依然可以回想起来。

知道了记忆的性质之差，我们就能利用这一点，**把本应成为意义记忆的内容记作自己的亲身经历。**

在此基础上，如果再把它转换成视觉信息，记忆效果就会进一步加强。

利用图表实现"**体验记忆 × 视觉化**"，可以让自己的记忆牢不可破！

将需要记下来的知识**变成体验记忆时，利用"错误"**是行之有效的一项举措。

冥思苦想后却得出错误答案，看书才发现是自己认识有误……这些都是珍贵的经历。我们要做的，就是把这些经历整理进图表。

假如做习题集的时候，常常在同一个问题上犯错，我们就可以按照下一页的图示，把易犯错的知识点整理成图表形式，帮助自己记忆。

## 犯错的经历令人印象深刻！

请在以下问题的空白处填入正确答案。

问题 售卖赎罪券，以筹钱修建圣彼得大教堂的人是 _____

回答 利奥十六世 ✓

## 把亲身经历变成图表！

问题 售卖赎罪券的是利奥十世

↓

错误 ~~利奥十六世~~

用叉号（×）加深印象！

## 4.5 按照"整体→局部"的顺序记忆、回想

### "论文测试"更要使用图表

实践效果如何？采用图表形式后，无论是记忆长篇大论的信息，还是错了又错的知识点，全都不在话下。

备考注册会计师资格考试时，我完全采用了利用图表记忆的方法。注会考试有论文测试的题型，为解答这类题型，必须事先完整记下大段文章。

那个时候，我采用了"以图表整理文章，记忆关键词"的方法。在图表的帮助下，论文测试成了我用来拉开分差的利器。一年零四个月后，我成功通过了论文测试。

如今，"利用图表记忆"的方法依然受到注会论文测试备考考生的热烈好评。这个现象其实很好理解——有了图表，困扰考生的"论文备战策略"就此完美无缺。

担任补习机构的老师后，我还注意到了另一件事情——作文的评分其实是按关键词的个数统计的。

阅卷人会按照每个关键词计多少分的方式打分。从这种打分方式来看，明确标示出关键词的图表化处理确实是合理的备考策略。

这种打分方式不仅体现在考试上，同时也体现在工作上。

读书看报的时候，遇到自己觉得有用的信息，大家就要用图表整理出来。

这样一来，在需要做方案陈述、制作报告书时，图表就能作为"整理过关键词的信息"，发挥很大作用。

重申一次，输入的目的是输出。

"利用图表记忆"的方法体现了对输出的重视。

## 记忆"图表的外形"是意想不到的诀窍

本章最后，我将为大家讲解图表的记忆方法。只制作图表是没有意义的，我们必须按照完整的顺序记忆图表。

那么，图表该怎么记忆？

记忆图表时，大家要先从以下两点入手。

1. 记住图表的外形。
2. 记住图表开头的关键词。

先记忆形状是为了顺应大脑的回忆机制。

大家在回忆教科书里记载的内容时，应该都有类似的体会吧。

最先回想起来的并不是内容本身,我们会慢慢记起内容——好像是在一百多页,写在右上方的图表里……啊,想起来了,乐市乐座!

换言之,我们并不会一下子想起详细内容,而是**先有整体印象,然后再回想起详细内容**。这才是顺其自然的回想过程。

所以,我们最先要记的应该是信息给人的整体印象,即"图表的外形"。

图表有几个方框,方框里有没有表示并列(分条信息)的"·",有没有"⇩""∴"之类的标记,这些都是需要记忆的信息。

回忆信息的时候,**只要能想起开头,接下来的内容就会接连浮现出来**。就像回忆人名时,想起了"山",就能想起"山下"。

大家现在应该明白为什么要先记外形与开头的关键词了吧?

记住了图表的外形以及开头的关键词,我们就得到了通往其后内容的线索,图表里记载的内容就会接连涌现出来。

今后,大家就多用图表来整理难以记忆的信息吧!

在"视觉化"的助力下,以最短的时间、最少的精力产出最多成果!

#  第 5 章

## 使用"笔记",
## 记忆效果更进一步

## 5.1 "记忆笔记"用得越多,头脑就越聪明

### "笔记术"提升记忆力

"记忆笔记"是我珍藏已久的精华集结。依靠记忆笔记,我成功拿下了各种考试。

我强烈希望大家也能靠记忆笔记不断达成自己的目标。

话说回来,知道怎么写记忆笔记还远远不够。

只有知道怎么用,我们的记忆才会牢不可破。

本章阐述的是**活用记忆笔记的基础**。

这个基础就是运用记忆笔记的"笔记栏",做有意义的复习。

"笔记栏"的使用目的有如下两点:

1. 把记忆笔记与"其他记忆工具"结合起来。
2. 管理学习情况,保持学习热情。

## 自如运用"记忆笔记"的秘诀

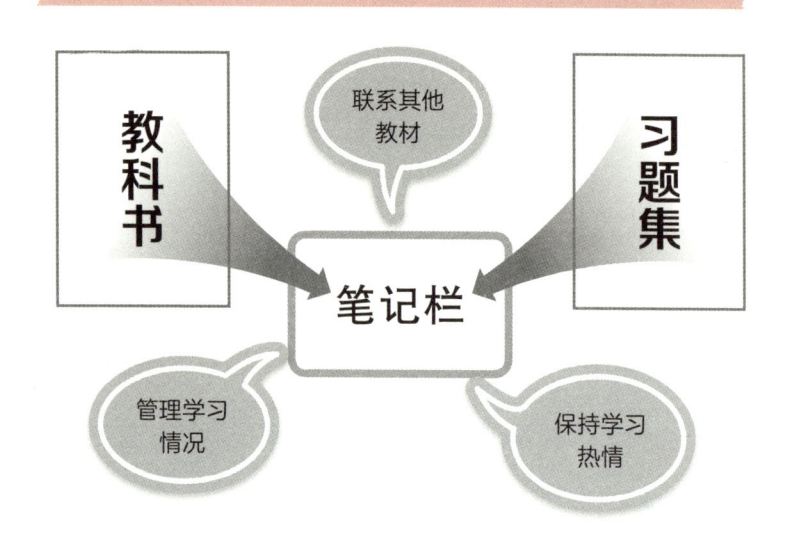

```
        联系其他
         教材
教科书  →  笔记栏  ←  习题集
     ↗              ↖
  管理学习          保持学习
   情况             热情
```

这两点是"活用记忆笔记的基础"。

要想最大限度地发挥记忆笔记的效果,就必须做到这两点。接下来,我将就这两点逐一展开详细解释。

准备好了吗?我们开始吧。

## 5.2 如何全面活用"自己的知识"

### 把"记忆笔记"和"记忆工具"结合起来

首先来看如何使用笔记栏，把记忆笔记和其他记忆工具结合起来。

备战考试的时候，教材就是"其他记忆工具"。

谈论具体的操作方法之前，我想先说说为什么要把记忆笔记与其他教材结合起来使用。

"题目做错了，然而看到标准答案后，才发现里面都是自己已经掌握的信息。"

大家一定有过这样的经历吧？

这就是"问法一变就答不上来"的典型情况。

有时候，同样一个知识点，出成填空题还答得上来，换成问答题后就失了方寸。

我也在这个问题上栽过很多跟头，差点因此产生厌学情绪……心里明明知道，却就是回答不出来，这对考生来说太过残酷。

所以，我一定会告诉自己的学生——**题型千变万化，总有窍门以对**。

现在，我还要把这个窍门传授给各位读者。

想做到题型怎么变都答得上来，大家就要在学习备考的时候同时利用**"若干形式的记忆工具"**。

"边看课文边看习题集""边做题边看记忆笔记"，像这样同时使用手头的多种教材，就是最好的学习方式。

考试难就难在，你不知道会如何出题。

所以，我们在学习一种教材时，需要同时关注其他教材的同一知识点。

把记忆笔记与其他教材结合起来使用，是为了**在以记忆笔记为核心的前提下，同时穿梭往来于其他教材之中**。这样就能使记忆笔记与其他教材产生联系，兼顾到其他教材里的相关内容。

## 记录"问题来自哪本习题集"的好处

我们先来看记忆笔记**如何与习题集结合**。考试要合格，就必须把题目解答出来，因此，记忆内容的时候，我们要有意识地关注"题型"。

记忆笔记与习题集的结合顺序如下：

1. 若"整合栏"里的信息出现在题目里，就把题号写在"笔记栏"里。

2. 用红笔标记"整合栏"里的相关信息。

3. 用红笔圈出题目，标记"记忆笔记"的页数。

第一步是在笔记栏里写题号，简单写明**题目出在哪本习题集的哪一页**。尽量写简洁一些，不要花费太多时间。

比如，参照下一页的图示，如果内容出在"基础习题集第十三题的选项①"里，我们可以写作"基础问题13-①"，如果出在"模考第二题的第三小题"里，我们可以写作"模考2-3"。

要是标出所有出在考题里的信息，笔记栏就会塞得满满当当。所以大家要注意，**笔记栏里只标记需要格外记住的重要考题**。

写完题号后，下一步就要**用红笔标记"整合栏"里的相关信息**。做完这一步，笔记里的哪些信息与习题集有关就会一目了然。

最后是在习题集里做记号。我们要**用红笔圈出习题集里对应的那道题，标记"记忆笔记"的页数**（在此之前，大家要先写好笔记本每一页的页数）。

至此，我们成功将"记忆笔记"与其他记忆工具结合到了一起。接下来再谈谈如何利用"笔记栏"，活用记忆笔记。

## 把记忆笔记与其他记忆工具结合起来！

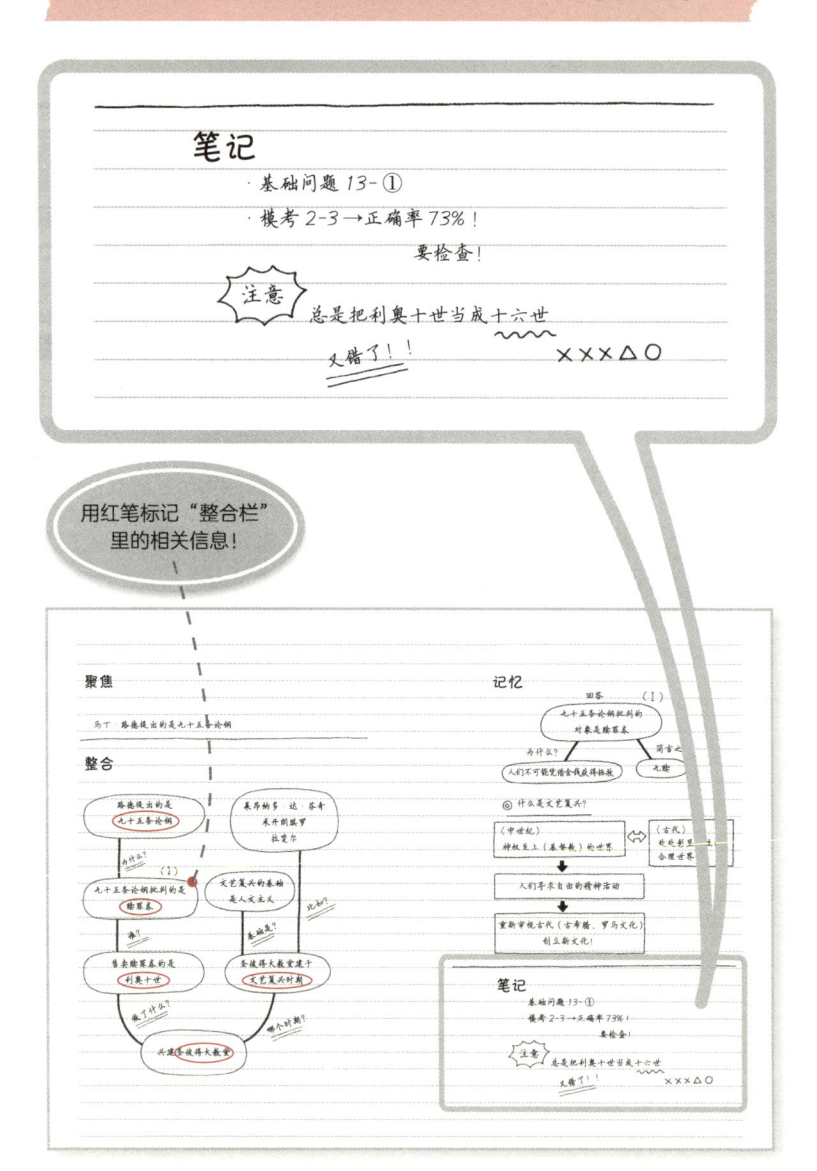

**笔记**
- 基础问题 13-①
- 模考 2-3 → 正确率 73%！
  要检查！

注意　总是把利奥十世当成十六世
又错了！！　×××△○

用红笔标记"整合栏"里的相关信息！

（聚焦）
为了：路德提出的是九十五条论纲

（整合）
- 路德提出的 → 九十五条论纲
- 表存纳多·达·芬奇、未开朗琪罗、拉斐尔
- 九十五条论纲批判的是 → 赎罪券 (1)
- 文艺复兴的基础是人文主义
- 卖赎罪券的是 → 利奥十世
- 使获得大数堂建于 → 文艺复兴时期
- 长建 → 获得大数堂

（记忆）
回答 (1)：九十五条论纲批判的对象是赎罪券
为什么？人们不可能靠金钱获得救赎
简言之：无耻

② 什么是文艺复兴？
（中世纪）神权至上（基督教）的世界
↓
人们寻求自由的精神活动
↓
重新审视古代（古希腊、罗马文化）创立新文化

**笔记**
- 基础问题 13-①
- 模考 2-3 → 正确率 73%！
  要检查！
- 注意　总是把利奥十世当成十六世
  又错了！！　×××△○

## 5.3 横跨式学习——变"记住的知识"为"可用的知识"

**"记忆笔记⇔习题集",强化实战能力**

活用"笔记栏"的第一步,就是**把自己当下的学习对象,与记忆笔记放在一起加以印证,我把它叫作"横跨式学习"**。

从不同角度思考同一信息,就能应对各种各样的题型。

首先来看如何从习题集转向记忆笔记。

用习题集辅助学习时,如果看到表示记忆笔记里也有相关内容的红色标记,就要打开笔记本,确认里面记录的内容。

同理,大家也要学会从记忆笔记转向习题集。

看记忆笔记的"整合栏",发现了红色标记后,我们就要根据写在上面的"题号"找到习题集里的对应问题,确认内容。

熟悉了这样的学习流程后,接下来就要培养**先"预想",再确认的习惯**。

切实践行**"预想→确认→如有错误则修正"的学习程序**,

就能加强记忆效果。

举个例子，假如翻阅记忆笔记的时候，我们看到了"路德提出的是九十五条论纲"。

如果这则信息上有红笔做的记号，就表示习题集里也考查了相关知识点，那么在翻开习题集确认之前，我们可以先在大脑里进行预想。

"习题集里那道题好像还问到了九十五条论纲的目的（批判赎罪券）"，能想到这一步是最理想的。接下来，我们要带着自己的预想翻开习题集确认。

**学习时多动脑**，知识点就会记得更深。

## "开阔视野"学习法的小窍门

**学习的根本是"重复"**，接触信息的次数越多，记忆就越牢固。重复学，重复记，短期记忆就会变成长期记忆。

想得到重复行为带来的助力，就要在践行"横跨式学习"的过程中多下点功夫。

说白了，就是在践行"横跨式学习"时，**看一看周边的其他信息**。

如此一来，大家就会越来越多地接触到多种信息，加强学习效果。

比如，看了"记忆笔记"，再转向习题集后，除了看对应的题目之外，我们还可以看看紧靠着那道题的上下两题，甚至可

## 任何题型都不在话下！

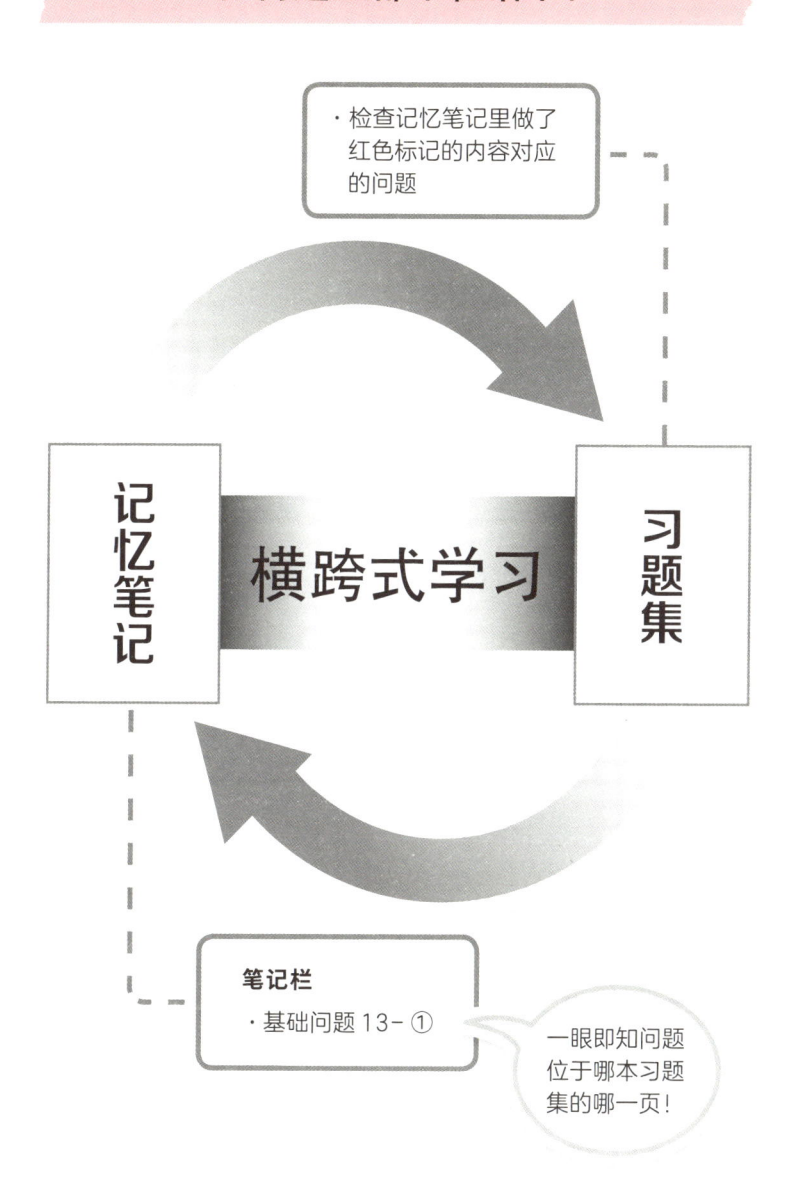

·检查记忆笔记里做了红色标记的内容对应的问题

**横跨式学习**

记忆笔记 ⇄ 习题集

**笔记栏**
·基础问题 13-①

一眼即知问题位于哪本习题集的哪一页！

以看看同一页上的其他题目。

从习题集转向"记忆笔记"时也可以采取同样的做法。除了看记忆笔记里对应的信息之外，我们还可以看看周边记录的其他信息。如果看的是"整合栏"，就要同时关注到临近区域及稍远区域的其他信息。

还有一点需要注意。

那就是**周边信息大致扫一眼即可**。

从记忆笔记转向习题集时，我们需要记住的是习题集中对应的那道题；从习题集转向记忆笔记时，我们需要记住的是"整合栏"里对应的那则信息。

除此以外的**周边信息，终究只是附属品**，看得多了自然会记住，记不住也不碍事，只是记住了会更好，因此没有必要特意拿出时间与精力。

注意周边情形也是聪明人会有意去做的事情。像通过考试之类，**斩获成果的人都有广阔的视野，他们看到的绝不仅仅是眼前的事情**。我从很多考试成功的人身上都真实感受到了这一点。

想获得成果，就要一点一滴地学习聪明人的行事风格，这是非常重要的。希望大家知道，"关注周边情形"就是其中之一。

## 5.4　聪明人不会"眉毛胡子一把抓"

### 高效浓缩"复习量"的窍门

学习过程中使用"记忆笔记",会渐渐记住以前记不住的信息,理解曾经理解不了的事情。这种现象本来就是使用"记忆笔记"学习的目的所在,因此也算理所当然。

麻烦的地方也是存在的,随着学习的深入,记忆笔记会变得越来越厚。

笔记栏的空间并不大,信息记忆量多的人,很快就能把整个空间填满。备战考试的人,很快就会在上面写满题号。

这时,**减少笔记栏里的内容**就很有必要了。

大家可以把需要再度复习的问题与不用复习的问题区分开,**只写必须复习的问题题号**。

推荐大家用这样的办法整理"笔记栏"。

说一个我的经历。

备战高考的时候,我看到什么就记什么,就这样不断给自己增加复习量。我不懂应该怎么学习,只是一味堆积复习内容。

最后的结果惨不忍睹。因为需要复习的信息过多,学习就会失去章法。

**学习的原则之一是重复**。需要记忆的信息必须多次复习回顾,而复习量一大,重复就再无可能⋯⋯

这个时候我才发现,**必须常常管理、整理复习内容**。

从曾经的惨痛经历中吸取教训后,我养成了压缩"笔记栏"的习惯。

## 记忆牢固后,删除题号

大家要根据自己的水平压缩复习内容。问题掌握好了,就把对应的题号删掉,确保有多余空间来填写新的题号,通过这样一番取舍,使笔记栏维持"新鲜状态"。

题号是否删除,取决于对应的问题是否已经牢记。

复习完了,**放置一周以上**,如果看到题号后依然能清晰回忆出问题详情,就可以删掉题号了。

举例来说,看到"整合栏"里用红笔标记的"九十五条论纲"后,对照写在上面的题号,能回想起"基础习题集里的那道题还问了路德提出九十五条论纲的目的",就说明你的掌握情况很好。这种情况下,就可以删掉"笔记栏"里对应的题号。

希望大家记熟了部分问题后,及时调整笔记栏,使其适应自己当下的能力水平。比如在备考阶段,就要保证笔记栏里记录的都是自己还没有记牢的问题题号。

## 5.5 提高学习效率的"激发动力"法

### "学习量可视化"效果超群

接下来谈谈制作笔记栏的另一个目的：管理学习情况，保持学习热情。

管理学习情况是为了保证持续不断的学习。"坚持就是胜利"并非虚言，我们必须在持续学习上多下点功夫。

持续学习需要**保持学习热情**。只要热情不断，通过考试就是自然而然的事情。遗憾的是，很多人根本无法长时间保持学习热情，以致最终落败。这样的事情我看得太多了。

保持热情需要采取一定措施。在补习机构任教后，我发现考生们对待学习的态度都不怎么积极。

"请大家思考'可视化的方法'，维持自己的学习热情。"

为此，我向学生传授了自己的一些体悟。

方法之一：标示出肉眼可见的学习量，审视自己的学习进度。

进一步来说，就是清晰地展示出自己当下的学习量，积极地肯定自我。

以我的备考经历为例。有段时间，我决定每天无论如何都要学满八小时。每达成目标一次，我都会在一天结束后，用红笔在当天的日历上画一道斜线。

看到日历上排得整整齐齐的红线，我就看到了自己付出的努力，继而产生继续坚持下去的动力。

学习就像跑马拉松。**持续学习的行为会推动人们继续努力**。只有确信了自己的坚持，才会有继续坚持下去的动力。

使用"记忆笔记"学习的时候，大家也要标示出肉眼可见的学习量。

大家用记忆笔记回顾复习的时候，每次都要留下复习记录。**每完成一轮复习，就在笔记栏最下方的空白处添加如下标记**。

- "记忆完毕"的页面上加"〇"。
- "尚未记牢"的页面上加"△"。
- "未记住"的页面上加"×"。

如此一来，大家就能看到自己的复习次数，知道自己学到了什么程度。希望大家在学习过程中，不忘审视自己的学习情况。

## "○、△、×",利用标记实现高效复习

把标记分成"○、△、×"三类是有用意的。

就是为了方便复习。复习就是重复学习,在时间匮乏的情况下,我们不可能像无头苍蝇那样翻来覆去地看笔记。这个时候,"重复的方法"就显得十分重要。

复习时不能单纯增加回顾信息的次数,**已经记住的,就要减少回顾次数,尚未记住的,就要增加回顾次数**。

这才是恰当的复习思维。时间紧张的情况下,在所有内容上花费同等精力,一轮轮地复习非常没有效率。

具体可参照如下节奏复习:

- 标记为"○"的页面:每三次复习一次。
- 标记为"△"的页面:每三次至少复习两次。
- 标记为"×"的页面:次次都要复习。

时间紧张的情况下,大家不必每次复习都照顾到所有内容,有些地方可以隔几次再看。只有分清复习频次,我们才能用最短的时间、最少的精力达成应有的记忆效果。用好"○、△、×",就为高效复习打下了基础。

# 第6章

## 更聪明的"记忆笔记"十倍活用术

## 6.1 利用"整合栏"活动大脑

**模拟"智力问答",在愉悦中锻炼记忆**

最后为大家介绍用于产出成果的"记忆笔记"的十倍活用术。

仅仅制作笔记是没有意义的,我在前面说过,利用好笔记才是价值所在。接下来,我想谈谈活用笔记的实用方法。

先从"整合栏"的活用方法说起。

"整合栏"里的内容是从"聚焦栏"的信息中挑出关键词,加以联想后形成的。我在第 2 章里说过,要用红笔圈出起联想源作用的关键词,引发联想的"问题"要写在联想线附近。

"整合栏"的活用方法离不开"联想"。具体操作顺序如下:

1. 看起联想源作用的关键词。
2. 看联想线附近的"问题"。
3. 结合关键词与"问题",组织自己的"疑问"。

## "为什么?""是谁?"扩大联想范围

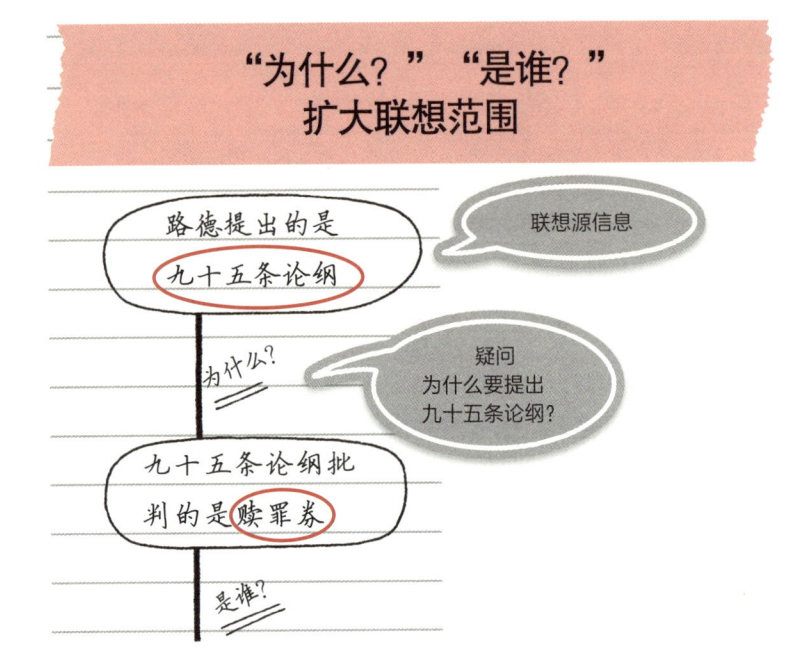

```
路德提出的是
（九十五条论纲）          联想源信息
   │
   │ 为什么?              疑问
   │                     为什么要提出
   │                     九十五条论纲?
九十五条论纲批
判的是 赎罪券
   │
   │ 是谁?
```

一起来看一下具体的示例。

如上图所示，红笔圈出的关键词是"九十五条论纲"，联想线附近的问题是"为什么"。

两者结合起来，就形成了一个简单的疑问：为什么要提出九十五条论纲？

有了疑问，我们再开始回想答案，由此得出新的信息。得出新的信息后，再用红笔圈出关键词，与从新信息中产生的问题结合起来……如此循环往复。

这样一来，我们就能**以智力问答的方式复习"整合栏"**，把内容记得更牢。模拟智力问答的复习方式最大限度地发挥了记忆笔记的易记性。

## 记忆游戏 —— 关键词可发散出多少项？

想记住信息，就要不断联想。这是我一直坚持在做的事。

接下来，我想更进一步，为大家讲述自己备考时践行的联想方法。

对刚开启学习之旅的人来说，这个方法实行起来可能有点难，但是学到一定程度后，大家一定可以做到。这个方法可使大家"一次记住众多信息"，推荐大家尝试看看。

重点就是，要联想到"整合栏"中没有写到的事情。

举个例子，前页的图示上写着"路德提出的是九十五条论纲"。接下来要做的，就是从中发散出尽可能多的信息。如第 2 章所述，大家可以围绕其中一个点，联想出其他信息。

1. 路德是威登堡大学的教授。
2. 路德与神圣罗马帝国皇帝查理五世的冲突剧烈。
3. 路德被召回了沃尔姆斯帝国议会。
4. 路德在九十五条论纲中提出了"因信称义"。
5. 九十五条论纲发表于 1517 年。

漫无边际的联想结束后，一则信息发散出了五则新信息，我们就此温习到了"整合栏"里没有的信息。

## 6.2 利用"记忆栏"进行瞬间记忆

### 用"L型"移动视线,提升记忆力

活用"记忆栏",**就能集中在需要记住的信息上迅速记忆。** 接下来将介绍"记忆栏"的活用方法。

首先是"借助外形记忆",即采用"回答、为什么、也就是说"构成的三角形框架记忆尤为重要的信息。需要记忆的信息放在"回答"里,回答背后的原因放在"为什么"里,唤醒记忆的线索放在"也就是说"里。

想短时间内记住这些信息,需要掌握一个窍门。那就是"**模式化**"。

看三角形框架的时候,大家要采用固定的顺序。

**首先看"回答",然后是"为什么",最后看"也就是说"。**

使视线呈L型移动,**从上方转到左下,再从左下转到右边。**

遵循固定的视线移动顺序,每次都按同样的顺序阅览三角形框架。

## 视线按固定模式移动！

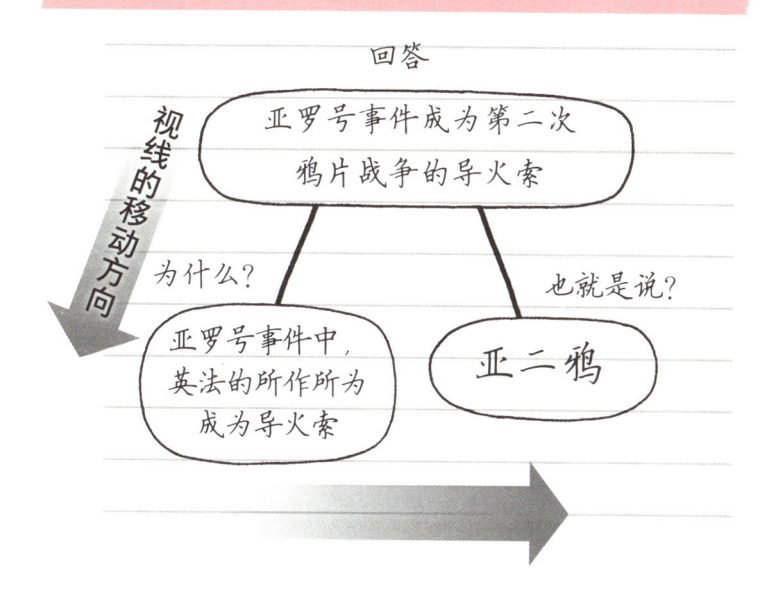

**视线的移动方向**

回答：亚罗号事件成为第二次鸦片战争的导火索

为什么？——亚罗号事件中，英法的所作所为成为导火索

也就是说？——亚二鸦

　　大家使用记忆笔记复习知识的时候，要边翻页边在"记忆栏"的三角形框架上停留几秒，记下需要记忆的信息。

　　此时，视线要遵循固定的模式移动。

　　面对考试，采用固定的学习模式是聪明人的共同特点之一。

　　在通过考试的人身上，**"做什么，怎么做，按照什么顺序学习"，往往都有固定的模式。**

　　不像无头苍蝇般乱冲乱撞，学习才有效率可言，才不会白费时间和精力。

　　固定的模式也让我从中获益。学习变得模式化之后，我摆脱了"不知该做什么"的状态带来的压力,再也不会白白耗费时间和精力。

正因为如此,大家才需要按照"回答→为什么→也就是说"的固定顺序浏览记忆笔记的"记忆栏"。

## 6.3　调动大脑活力的"预想学习"法

### 大脑越用越聪明

继续聊聊聪明人都有的特点。

特点之一，聪明人对待学习都有端正的态度。直截了当地说，考试不及格的人，学习时并没有自主思考。

通过考试的人，都会边学习边思考（调动大脑）。

**学习是调动大脑活力的行为**。学习离不开思考。问题就在于，我们应该如何调动大脑。

答案很简单，埋头看书时，**边学习边"多想一步"即可**。

比如，看课本的时候，我们可以边看边思考"下一段会讲什么"。实战演练的时候，我们可以边做题边思考"参考答案会怎么写"。

学习过程中通过不断预想，就会对信息产生更加深刻的印象，记忆起来自然更简单。

边学习边预想还会带来附加效果。如果预想错误，哪些地方要着重记忆就会变得清晰明了。

做到记忆的必达规则第一条"聚焦要点",结果就会如人所愿。

## "为什么?""也就是说?"—— 预想下一步

利用记忆栏的三角形框架辅助自己的预想,就能牢牢记住需要记忆的信息。操作顺序如下:

1. 看"回答",预想"为什么"里填写的是什么信息。
2. 确认"为什么"里的内容,预想"也就是说"里的信息。

以 83 页的图示为例。我们首先看到"亚罗号事件是第二次鸦片战争的导火索",接下来就要根据这个"回答"预想"为什么发生了亚罗号事件",然后再看"为什么",预想"也就是说"里的信息。

学习固然要有一定模式,但与此同时,大家也不能忘了"调动大脑"。即便刚开始不行,坚持做下去,慢慢也就知道该怎么做了,因为知识越多,思考能力就越强。大家好好努力吧!

## 按照图表的"形状→关键词"的顺序进行预想

"记忆栏"里包括"利用图表记忆"的部分。这一部分针对的是篇幅过长、不易记忆的长段文字以及常常弄错的知识点等。复习图表的时候,"预想"依然有效。操作顺序如下:

1. 浏览图表的标题。
2. 预想图表的外形。
3. 按从上往下的顺序,逐一预想、回忆图表内容。

以第 4 章讲述的"日章丸事件"为例。图表的标题为"'日章丸事件'梗概",我们就要围绕这个标题展开回忆。

回忆图表时,首先要回忆图表的外形,得出对图表的整体印象。接下来,按照从上往下的顺序,逐一回忆内容。这是从整体到局部的过程。

我在第 4 章里说过,**备考注册会计师的时候,这种记忆方法特别有用**。即便是论文测试,记忆也是最重要的一环。使用图表记忆法,就能连带记住课本上的论证用例和模考问题的标准答案。

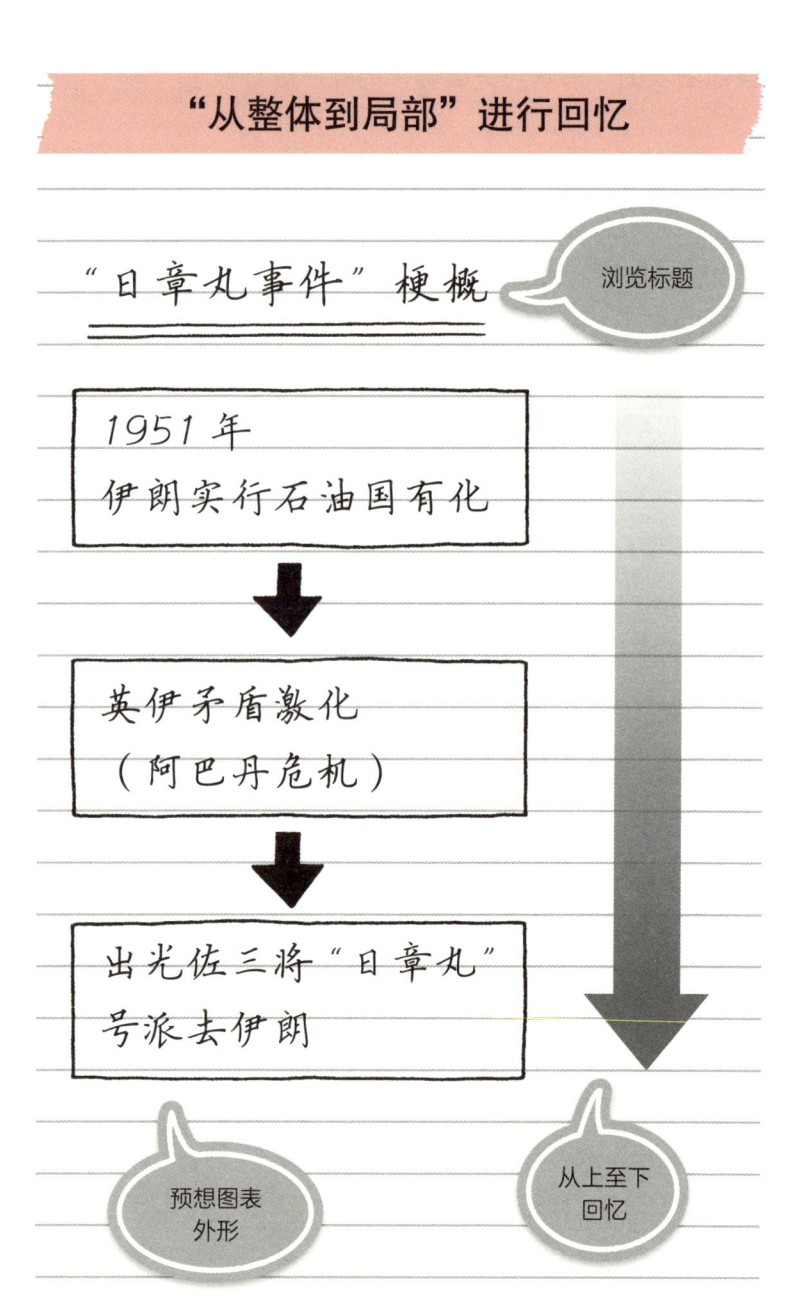

## "从整体到局部"进行回忆

"日章丸事件"梗概

浏览标题

1951年
伊朗实行石油国有化

↓

英伊矛盾激化
（阿巴丹危机）

↓

出光佐三将"日章丸"
号派去伊朗

预想图表外形

从上至下回忆

## 6.4　设定"一周一次"的记忆检查日

**通览"记忆笔记的全部内容"的日子**

　　本书已临近尾声，接下来要讲的不是各个分栏的活用法，而是记忆笔记整体的活用方法。掌握了整体的活用法，大家的学习效率会更上一层楼。

　　重复学习是实现记忆的基础，这一点我已经说过很多次了。再有才的人，也无法做到过目不忘。

　　所以大家**一周至少要把记忆笔记从头到尾地回顾一次**。这个时候不要再想其他知识，只针对"记忆笔记"整体复习一轮。

　　每周回顾一次，是为了**"保持记忆"**。

　　学习完某个知识点后，时间过去越久，记忆就会越模糊。想保持记忆效果，就必须再从头到尾地复习一遍笔记，巩固记忆。

　　将总复习的频率保持在"一周一次"，而不是"十天一次"，是因为以周为单位更容易养成固定的复习习惯。比如，你可以把每周三定为总复习日。

重要的复习方法就是总体浏览"聚焦、整合、记忆"各栏。先看"聚焦栏",回顾最需要记忆的信息,再看"整合栏",回顾信息之间的联系。最后看"记忆栏",回顾尤其需要记忆的信息,利用"三角形框架"及"图表"强化记忆效果。

像这样,**每周浏览一次"记忆笔记的全部内容",是做好总复习的基础。**

不过接下来要说的是,如果考试日期已经临近,那么有选择地复习将大大提高效率。

## 少看熟悉的页面,多看不熟的页面

请大家回想我在第 5 章说过的"〇、△、×"三种标记。

时间紧张的情况下,大家可利用"〇、△、×",明确复习重点。

**主次分明、张弛有度的复习节奏非常重要。**

大家要做到**时常回顾优先级高的页面,偶尔回顾优先级低的页面。**

考试迫在眉睫的时候,这样做尤为重要。

"快要考试了,还有很多地方没看",这种情况下,推荐大家使用"〇、△、×"三种标记,主次分明地复习内容。

时间有限,要学的东西却无穷多,分清主次,就是为了取得两者之间的平衡。

自从有了"分清复习主次"的意识后,我的学习效率得到了飞速提升。

曾经,我在所有内容上都要花费同等精力,然而一天只有二十四小时,一视同仁的做法非常不划算。在不用看的地方白费了时间,需要看的地方又学不到位。

调整了复习频率后,学习效果当即就会显现出来,希望大家也能在复习时有意识地分清主次。

如果你的成绩一直没有提高,不妨在复习方法上找找原因。

## 6.5 多使用"记忆笔记",大脑就会更加聪明

**背英语也可利用"记忆笔记"**

大家是否已学会"记忆笔记"的制作、活用方法了?

如果以恰当的方式制作笔记,在每天的学习中好好利用笔记,我们就能记住此前记不住的信息。

**只要你有干劲,有行动!**

不过,也有人提出过这样的异议——"记忆笔记只能拿来学习社会科学吧?"

这样的想法也不是空穴来风,毕竟本书提到的所有示例,都是围绕历史、法律等所谓的"社会科学"展开的。在这样的情况下心生疑虑合情合理。

要说除了社会科学,还有什么需要大量记忆的话,那应该就是外语了。

日本人非常不擅长英语,但英语又确实很重要,于是不仅初高中时会学,很多人上了大学,步入社会后还在继续学习

英语。

英语不是纯粹靠记忆就能掌握的学科,但不可否认记忆的必要性。理所当然地,"记忆笔记"能对英语学习起到帮助。

学英语需要记语法、单词、惯用表达。所以专心填写"整合栏"就是有效的举措。

语言学习不是靠单纯记忆,不过信息背后无"原因"也是很常见的现象。举个例子,大家应该都不太懂"that"的意思为什么是"那个"吧?

除此之外,学习语言时,我们很少能像学习社会科学那样,记忆一个有逻辑、有情节的"故事"。

因此,学习语言的时候,我们只需要"专心写好整合栏"就可以了。大家可参照第2章里"整合栏"的运用实例,尝试制作自己的"整合栏"。

# 后记　用"记忆笔记"实现人生目标吧！

**思考的视觉化。**

最后，我有些话想对大家说。

前言里已经提过，我一直在从事"记忆窍门"的推广活动。

传授记忆窍门，就是做学习方法的引路人，这其实非常难。

因为记忆的过程是无形的，怎么阐述都不会变得浅显易懂。正如我在书中所说，人是一种非常依赖视觉的动物。

记忆笔记的优势就体现在"思考的视觉化"，即**窍门的"可视化"**上。

有选择地**聚焦要点**，转换为便于记忆的形式，写在笔记本上。

将相关关键词**与其他知识串联、整合到一起**，打造一目了然的视觉效果。

需要记忆的信息**转换为清晰的三角形图表**。

通过"思考的视觉化"，记忆笔记使学习行为变得清晰可见。这就是记忆笔记有效且高效的原因。

最后，我还提到了记忆笔记的个性化。

如果你是为了考试而学习，那就可以参照本书讲述的种种方法，如果你学习的目的不是通过考试，那就需要根据自己的具体情况，决定如何制作笔记。无论哪种情况都离不开"**聚焦、整合、利用图像记忆**"三个步骤，以及利用好笔记，每日进行实践。

感谢各位一直读到最后。

衷心祝愿大家都能靠记忆笔记实现自己的目标。

确井孝介

图书在版编目（CIP）数据

跟着考霸记笔记：教你在考试中通关的笔记学习法 / (日) 确井孝介著；王星星译. -- 天津：天津人民出版社, 2020.10
 ISBN 978-7-201-16373-4

Ⅰ.①跟… Ⅱ.①确…②王… Ⅲ.①学习方法 Ⅳ.①G791

中国版本图书馆CIP数据核字(2020)第155978号

ATAMA NO II HITO WA ANKI NOTE DE OBOERU! by Kosuke Usui
Copyright © 2016 Kosuke Usui
All rights reserved.
Original Japanese edition published by Mikasa-Shobo Publishers Co.,Ltd.,Tokyo.
This Simplified Chinese language edition is published by arrangment with Mikasa-Shobo Publishers Co.,Ltd.,Tokyo in care of Tuttle-Mori Agency,Inc.,Tokyo. through Bardon-Chinese Media Agency, Taipei.

本书中文简体版权归属于银杏树下（北京）图书有限责任公司。

版权登记号：02-2020-203

# 跟着考霸记笔记：教你在考试中通关的笔记学习法
GENZHE KAOBA JI BIJI: JIAO NI ZAI KAOSHI ZHONG TONGGUAN DE BIJI XUEXIFA
［日］确井孝介 著　王星星 译

| 出　版 | 天津人民出版社 | 出版人 | 刘　庆 |
|---|---|---|---|
| 地　址 | 天津市和平区西康路35号康岳大厦 | 邮政编码 | 300051 |
| 邮购电话 | （022）23332469 | 电子信箱 | tjrmcbs@126.com |
| 出版统筹 | 吴兴元 | 编辑统筹 | 王　頔 |
| 责任编辑 | 张　璐 | 特约编辑 | 方泽平 |
| 营销推广 | ONEBOOK | 装帧制造 | 墨白空间 |
| 印　刷 | 华睿林（天津）印刷有限公司 | 经　销 | 新华书店 |
| 开　本 | 889毫米×1194毫米　1/32 | 印　张 | 5.75 |
| 字　数 | 108千字 | | |
| 版次印次 | 2020年10月第1版　2020年10月第1次印刷 | | |
| 定　价 | 38.00元 | | |

后浪出版咨询（北京）有限责任公司常年法律顾问：北京大成律师事务所　周天晖 copyright@hinabook.com

未经许可，不得以任何方式复制或抄袭本书部分或全部内容
版权所有，侵权必究
本书若有质量问题，请与本公司图书销售中心联系调换。电话：010-64010019

## 365天子弹笔记

著　　者：[英]齐诺·康普顿 /
　　　　　玛西亚·米霍蒂奇
译　　者：吴天骄
书　　号：978-7-5594-4403-5
出版时间：2020年7月
定　　价：45.00元

**风靡全球的神奇、高效笔记法**
**记录生活的无限可能，认真过好每一天**

　　子弹笔记法，是一种具有革命性的思维整理和时间管理法，能够有效地提高你的工作效率与创造力。本书是学习子弹笔记最简单易懂的入门指南，365天，每天一个练习，通过简单、清晰的说明，本书将向你展示如何快速地将子弹笔记法融入你的生活与工作中。这本笔记的乐趣在于完全可以根据你自己的工作和习惯进行定制，你可以从头开始创建你自己的日志与个性手账，并将喜欢的想法付诸实践！无论你是涂鸦爱好者、手账控，还是笔记达人、文具迷，都可以在这本书中找到乐趣！

# 麦肯锡笔记思考法

著　　者：［日］大岛祥誉
译　　者：沈海泳
书　　号：978-7-210-09761-7
出版时间：2017年12月
定　　价：36.00元

日本狂销25万册，麦肯锡精英都在实践的笔记思考法
3本笔记本，4个步骤，解决工作中的一切问题

  麦肯锡资深管理咨询师大岛祥誉在刚进入麦肯锡工作时，发现身边的前辈和同事只是利用3种笔记本（方格笔记本、横线笔记本、麦肯锡原创的笔记本）就能够从复杂的状况中准确找出"真正的问题"，在实际行动的时候也游刃有余。这种麦肯锡流的笔记思考法也正是麦肯锡强大的地方之一。

  我们一切的工作都是为了"解决问题"，而解决问题的关键在于"思考"。这本书要教给你的正是如何将笔记作为"思考工具"和"解决问题的工具"的笔记思考法，按照问题解决的4个步骤，在每个步骤中选择相应的笔记使用方法，就能边写边思考，瞬间整理思绪，解决一切难题。